まえがき

めまぐるしく変化する現代の社会。高度情報化、グローバル化、多文化化などの荒波が、折り重なって大きなうねりとなり、知識（産業）社会を現出させている。まさにわれわれは、歴史的変動の潮流の中に投げ出されている。ちなみに、グローバル化の進展は、もはや国家対国家の関係（国際関係）だけでは解決しがたい地球規模の課題を続々と突き付けている。高度情報化の進行により、われわれは膨大な量の情報や知の大海原に投げ出され、その行く手すら見失いかねない。知識や情報の全貌が個々人では容易にはつかみがたい状況だからである。こうした事態は、学校だけで対応しきれるレベルではない。激変する社会の流れに迅速かつ的確に対応できる対処能力と、生涯を通じてそれを可能にする自己主導的学習能力を培い、それらの力量をマキシマムに発揮できるような環境の整備、つまり生涯学習社会の構築が不可欠なゆえんである。これまでにも生涯学習社会の形成を狙って様々な取り組みがなされてきた。国の文教政策でも生涯学習社会にふれ、具体的施策の方向として生涯学習の普及・啓発と情報提供、多様な学習機会の提供・選択援助、学習成果の評価・活用などをあげていた。このような方向にそって全国各地で生涯学習社会構築へ向けての様々な基盤整備の事業が繰り広げられてきている。

近年では、情報通信技術（ＩＴ）の革新により、インターネット市民塾、エル・ネット・オープンカレッジ、さらにはサイバースペース上に立ち上げられた協働学習の組織や学習コミュニティなど、仮想現実としての学習機会も多様に展開され、生涯学習の可能性を一段と拡充させている。しかし、今世紀に入り、いっそう大きな潮流となっている高度情報化、グローバル化、多文化化などに対応する生涯学習社会構築の取り組みはいまだに十全とはいえない。

そこで、こうした事態にも配慮しつつ、これまでのように現実世界の学習機会だけを念頭におくのではなく、仮想現実の世界のそれをも考慮した生涯学習社会はどうあるべきかを問い質していかなければならない。本書は、このような問題意識から、生涯学習とは何か、今なぜ生涯学習が必要なのかにふれ、生涯学習のコンセプトを改めて問い直し（第1章）、次いで生涯学習を支える、あるべき生涯学習社会のビジョンを描き（第2章）、それを具現するためにわが国の生涯学習関連方策の動向を突き止め（第3章）、地域で生涯学習社会を実現する手法としての生涯学習のまちづくり施策の現状を捉え（第4章）、それらを革新するための生涯学習事業の計画（第5章）、生涯学習の主役としての学習者（第6章）と、支援者・指導者の問題（第7章）、生涯学習の機会（第8章）、とりわけ生涯学習の基礎を形成する場としての学校（第9章）、それらでの生涯学習の内容（第10章）、生涯学習の方法や形態（第11章）、生涯学習における情報の提供や学習相談（第12章）、などにふれ、学歴社会から脱皮し生涯学習社会を構築するうえでの鍵概念と目される生涯学習成果の評価と認証の問題を取りあげて締めくくりとした（第13章）。

生涯学習時代を反映し類書は少なくないが、できるだけリーダブルなものになるように心掛けたつもりである。この意をお汲み取りいただき、本書が大学や講習会などでのテキストとして、さらには各方面の生涯学習関係者や生涯学習に関心をもつ人びとに広くご利用いただければ幸いである。

終わりに、本書の出版にあたって執筆を快く引き受けてくださった諸先生、そして出版に際して終始一方ならぬお世話をいただいた福村出版には、ここに付記して深く感謝の意を表したい。

二〇〇七年一月

佐々木正治

目次

TALK

ONO YOSHIRO

児童精神科医

小野善郎が語る

思春期の育ちと移行支援

高校教育の常識へのチャレンジ

和歌山県精神保健福祉センター所長
小野善郎

児童精神科臨床と教育の関係

　私たち児童精神科医のところにやってくる子どもたちの多くは「学校に行けない」、つまり不登校がきっかけになっています。もちろん、学校に行けなくなっている背景や要因は一人ひとりで異なりますが、子どものこころの診療と学校教育とは切っても切れない関係にあり、子どもの臨床家としては教育と無関係にはいられません。それどころか、子どものこころの問題のほとんどが学校と関連したものであるとすれば、学校がなければ子どもの精神科は不要になるのではとさえ思わされます。

たしかに、学校教育は子どもの育ちには欠かせない要素であり、学校のない子育てはあり得ないかもしれませんが、それにしても学校が子どもたちの生活や親の子育てにこれほどまでに大きな影響を持つようになると、まるで子どもの育ちが教育に支配されているかのように見えます。それがもっとも如実に表れるのが高校受験を控えた中学3年生です。不登校だけでなく、発達障害、さらには虐待や貧困などの過酷な育ちの結果として、学校適応や学力に困難がある生徒たちの前に高校進学は大きな壁になって立ちはだかります。高校進学率が99％となり、高校が事実上の義務教育になった現在では、たとえ中学校で不登校になったとしても、高校に進学しない選択肢はありません。高校を卒業していなければ生きていけないという不安が不登校の子どもたちをさらに追い込みます。

子育ての目標は「大人になること」

不登校にはならなかったとしても、学校教育に支配された子どもの育ちは、成績や受験などの具体的な「目標」や「成果」に追われがちで、幼児教育から大学卒業まで良い教育を受けさせることが良い子育てと思い込まれるほどまでに、子育てと教育は同一視される傾向があります。受験を中心にした教育は、テストの点数や偏差値という具体的な数字で成果を見ることができるので、子どもたちはますます目標に追い立てられることになります。親にとっても志望校への合格が目標になり、最終的には大学受験が子育てのゴールと思い込んでしまいます。

子育ての中で教育の価値が否定されるものではありませんが、少なくとも私たちが勘違いしてはいけないのは、近代国家として成熟し、大学までの教育が広く普及した現在では、教育は明治時代のようなエリートの養成や立身出世の手段ではなくなったと

第1章　生涯学習のコンセプト

1　コンセプトの形成

古典的生涯学習論の限界

生涯学習とは、それが生涯にわたる学習というだけのことであるなら何も目新しいコンセプトではない。ちなみに、次の言葉には馴染みのある方も少なくないであろう。「吾十有五にして学に志し、三十にして立つ。四十にして惑わず。五十にして天命を知る。六十にして耳順う。七十にして心の欲する所に従いて矩《のり》を踰《こ》えず（『論語』「為政」）。ここには、人生行路の節目ごとの、主として心の到達点が記され、それが次第に円熟していく様が読みとれよう。このほかにも、芸道や武道などには単なる一時的な知識・技術の習得を超える生涯修業、生涯求道が説かれていた。ただし、それらは学校が未発達の時代の言説であり、今日の現代的生涯学習論のように教育改革の理念や組織化の原理として論じられたものではない。その意味では、古典的生涯学習論といってよい。

学校の発達は、文明の高度化、社会的しくみの複雑化などにより引き起こされ、それはやがて青少年中心の教育機関となり、学校化社会ひいては学歴（偏重）社会を出現させた。

ところが、二〇世紀後半には知識爆発が起こり、せっかく学校で学んだ知識の陳腐化が激しくなった。このため学校卒業後も生涯にわたって新しい知識を学び続ける必要性が高まり、学校化社会に代わる新しい社会的しくみを組織しなければならなくなった。そのための組織化の原理として提唱されたのが、生涯学習にほかならない。もちろん、これには、いちはやく生涯学習の考え方を盛り込んだ英国の「一九一九レポート」のように、成人教育の進展という前座があり、同時に、触媒の役割を果たしたユネスコの貢献が見落とせない。

ユネスコの貢献

生涯学習が国際的に注目されるようになるきっかけをつくったのは、一九六五（昭和四〇）年のユネスコの成人教育推進国際委員会であった。この委員会の会議に提出されたラングラン（Lengrand, P. 当時、ユネスコの成人教育課長）のワーキング・ペーパー（「エデュカシオン・ペルマナント」〈l'éducation permanente〉）をふまえて、同委員会は次のように提言している。「ユネスコは、幼い子ども時代から死に到るまで、人間の一生を通して行われる教育の過程――それ故に、全体として統合的な構造であることが必要な教育の過程――を創り上げ活動させる原理として、〈生涯教育〉という構想を承認すべきである。そのために、人の一生という時系列にそった垂直的な次元と、個人および社会の生活全体にわたる水平的な次元の双方について、必要な統合を達成すべきである。」（諸岡和房、これからの教育4『市民のための生涯教育』日本放送出版協会、一九七〇年、三七頁）。この提言では、生涯教育における統合理念についてふれられている。つまり、あらゆる教育に対し、生涯という時系列にそった垂直的統合と生活全体にわたる水平的統合の必要性が強調されている。

ユネスコは、一九七二年に*Learning to be*（邦訳『未来の学習』、参考文献参照）と題するいわゆる「フォール報告書」（Faure Report）を公表した。生涯学習の重要性が国際的に認知される契機となったこのレポートを貫いているテーマは、生涯学習と学習社会である。このレポートの勧告でとくに注目されるのが、生涯学習を今後の教育改革の指導原理として打ち出している点と、今一つは、定型教育と非定型教育の間のバリアーを撤去し、リカレント教育を導入して教育の機会を職業や余暇などと柔軟に組み合わせた複合型のライフスタイルを提唱している点である。さらに、教育システムの多様化を図り、入学―退学―再入学の可能性を高め、正規の教育課程を修了しなくても大学の学位や卒業証書を取得できるいわゆる規制緩和の方策と、だれもが何でも学習したいことをどこからでも始められる学習における自己決定の原理をふまえた学習社会の構築にふれている点である。

こうしてユネスコの貢献により、二〇世紀の生涯学習のコンセプトを構成する主要な要素、①教育改革の指導原理、②垂直的次元と水平的次元の統合理念、③学習社会の構築などが出揃ってきた。

生涯教育から生涯学習へ

ユネスコは、当初、前にみたように生涯学習ではなく生涯教育というタームを使用していた。ところが、ユネスコは、一九七六（昭和五一）年にナイロビで開催した第一九回総会で採択した「成人教育の発展に関する報告」では、生涯教育と生涯学習とを併記していた。その後、ユネスコは、二一世紀教育国際委員会から *Learning : The Treasure Within*（邦訳『学習・秘められた宝』、参考文献参照）という報告書を公表した。この報告書では、生涯学習こそ二一世紀の扉を開く鍵であるとして、生涯学習を支える次のような柱を示した。「知ることを学ぶ」「為すことを学ぶ」「共に生きることを学ぶ」「人間として生きることを学ぶ」という四本柱に基づく生涯を通じた学習は、学校教育と継続教育という伝統的な区別を超えて、もう一つの新たな概念である学習社会と結びついて展開される。そこでは社会が提供するあらゆることが、学習して自己の能力を高めるためのチャンスとなる。端的にいって生涯学習とは、このようなチャンスを有効に活用することにほかならない。それには、人生を学校教育とその後の継続教育とか、青少年期・成人期・退職後の時期といったように区分して捉える教育観を避け、連続体としての教育観に立って人びとの生涯にわたる学習、しかも社会全体へと広がるような教育によって支援される学習を生涯学習として捉えなければならない、というのである。

ユネスコがこのように生涯学習を教育改革の指導原理として打ち出していくにつれ、先進国でも発展途上国でも生涯学習のコンセプトがますます政策的に重視されるようになり、教育改革の重要な枠組みとなってきた。それはEU（欧州連合）が指定した一九九六（平成八）年の「ヨーロッパ生涯学習年」事業や、一九九九（平成一一）年のG8（主要八カ国）が採択した「ケルン憲章―生涯学習の目的と希望」などにもうかがわれよう。

わが国でも、一九八〇年代の後半（昭和六〇年代の初め）までは、生涯教育という言葉がよく使われ、生涯学習と混用される場合もあった。そこで、一九八一（昭和五六）年に中央教育審議会は、答申「生涯教育について」で生涯教育と生涯学習とを次のように区別し、用語の整理をしている。それによると、生涯学習とは各人が自発的意思に基づいて行うことを基本とし、自ら自己に適した手段・方法を選んで、生涯を通じて行うものである、としている。一方、生涯教育とは「国民の一人一人が充実した人生を送ることを目指して生涯にわたって行う学習を助けるために、教育制度全体がその上に打ち立てられるべき基本的な理念である」。このような用語の整理の仕方は、教育を「学習以上の意味を持ち、学習を容易にする条件の供与」（パーキン、山岡元嗣訳『生涯教育』同文書院、一九七九年、一四頁）と捉え、教育と学習を峻別する学理にかなっている。

ところが、一九八四（昭和五九）年から四次にわたった臨時教育審議会答申では、生涯教育という言葉は姿を消し、生涯学習というタームだけが表に出ている。その理由は、一九八六（昭和六一）年の臨時教育審議会の「審議経過の概要（その3）」によると、「学習は読書・独学など自由な意思に基づいて意欲を持って行うことが本来の姿であり、自分に合った手段や方法によって行われるというその性格から、学習者の視点から課題を明確にするため『生涯教育』という用語ではなく『生涯学習』という用語を用いた」。つまり、学習を学習者の主体的な活動とみなし、教育の客体的活動と捉える視点を避けたとみてよい。

臨時教育審議会「教育改革に関する第一次答申」（一九八五〈昭和六〇〉年）が提唱した「生涯学習体系への移行」

をめぐっては、生涯教育と生涯学習とが概念上、混用されているきらいが強い。学校中心の教育制度を改革し、生涯学習体系へ移行させるために、人生の各段階に応じた学習機会の整備、高等学校・大学等の社会人受入れ制度のあり方、各種教育機関相互の連携、資格制度などが検討課題とされているが、それらは学習者の視点に立った生涯学習活動というより、それを支援するための生涯教育の課題といった方がよい。ともあれ、文部省（現文部科学省）も同審議会の意向にそって、社会教育局の生涯学習局への改組や生涯学習振興法（「生涯学習の振興のための施策の推進体制等の整備に関する法律」の略称）の制定後は「生涯学習」で用語を統一している。ここには、学理を越える政策的意図が働いているとみてよい。いずれにせよ、これらの事情を考慮し、今日では生涯教育については、生涯学習支援、生涯学習振興、生涯学習推進等の言葉が使われるようになってきた。一九九〇（平成二）年の中央教育審議会答申「生涯学習の基盤整備について」でも生涯学習については、これまでとほぼ同じ捉え方をしている。ここでも生涯教育という用語は避け、生涯教育を生涯学習への支援、援助等で捉え直しているとみてよい。これにより生涯学習のコンセプトは拡大し、教育改革の指導原理だけでなく、政策課題の解決原理、学習の支援原理まで包含するに至っている。このように包括的コンセプトに成長した生涯学習は、今日どのような必要性や課題を担っているのであろうか。

2　生涯学習の必要性

急激な社会変動への対応

人間は、いつの時代にも学びつづけ、学んだことを生活に活かし、新しい文明や文化を築いてきた。新しい産業を起こし、制度をつくり、社会の発展や豊かな生活を築いてきた。その基底には、絶えず人びとの学び、学び合う活動があった。それなのに、今、なぜ生涯学習なのであろうか。生涯学習が必要となっているのは、端的にいって社会が大きく急激に変化しているためである。かつてのように第一次産業中心の社会変動の乏しい静的社会では、青少年期に学んだことは、成人になって補習的学習をする程度で一生涯にわたって通用していた。場合によっては次の世代にも伝達する価値を保持していた。ところが、今日のように変化の激しい変動社会では、不断の学習を止めたなら、たちまち社会から取り残されてしまう。実際、最高学府である大学で学んで身につけた知識や技術が絶えざる技術革新などによりすぐに役立たなくなる。もはや「教育や学習は学校だけで事足れり」という時代は遠い過去のものとなってしまった。ここに不断の学習、再学習、継続学習、生涯学習が必要となってきた時代の必然性があるとみてよい。

高度情報化と生涯学習

とくに科学の進歩や技術革新のテンポは速まり、職業環境だけでなく日常の生活環境のあらゆる面に大きな影響を与え、生涯学習を必須としている。メカトロニクス、オプト・エレクトロニクス、マルチメディアなど先端科学の技術を活用した新たな産業が続々と生み出されていく。それはひいては、産業・職業構造を変化させ、職業や職種・職務の転換を引き起こし、必然的に職業人・社会人の変化への対処能力を高める生涯学習を必要とさせている。なかでも、新聞・ラジオ・テレビに次ぐ第四の情報媒体としてのインターネット、とくにＷＷＷ（World Wide Web）の普及は目覚しく、生涯学習に与えるインパクトは少なくない。この第四媒体は世界中から情報を収集し、知の宝庫としての役割を果たす。そのため従来のような一定の施設や一定の地域に絞られた学習ではなく、時間・空間の垣根を越える学習を可能にする。コンピュータやインターネットを活用すれば、国内外の異なる地域の人びとが思い思いに情報を検索、収集し、伝達し合い、生涯学習の輪を広げることができる。ｅメールや電子会議室を活用すれば国際間の交流学習も繰り広げられよう。

もちろん、それにはメディアの高度化、多様化（インターネットの普及やテレビの多チャンネル化、双方向化などの動きにみられるように）に対応して、子どもから大人まで生涯学習においてデジタルリテラシーが重視されなければならない。デジタルリテラシーにおいては、デジタルメディア機器の操作能力だけでなく、インターネットなどのデジタルメディアを含むメディアリテラシー学習が求められよう。さらに、何より見落としてならないのは、IT革命というタームに表徴されるように、新たなメディアや情報技術の進展は、人びとの感覚、思考、認識にも影響を与え、とりわけ認識の変容をもたらすという点である。まさに認識変容社会の到来である。このような社会では、メディアと社会の相互関係を主体的に捉え直していく能力が求められる。さもなければ、氾濫する情報洪水の中に投げ込まれ、何が真正な情報かを見抜けないまま、流通する主要な情報によって人びとの意識と行動が画一化されてしまうおそれがある。したがって、インターネット上の数々のサーチエンジンを活用して求める情報を収集し、それらを継ぎ合わせるだけで「学習が事足れり」としてはならない。問題を解決する論理的な思考力、とりわけ収集した情報を捉え直す省察力が望まれよう。さらにいえば、収集した情報をふまえて情報を再編成し、新たな情報を創造して発信する情報創造力が求められている。

情報コミュニケーション技術（ICT）化、ネットワーク化は、あちこちに分散している多様な知識・情報の統合・集積を可能にする。それとともにネットワークにかかわる人たちの相互作用を強め、相互の学習ニーズのマッチングとコラボレーション（協働）の度合いを高め、協働して新しい知識・情報を創出し、その成果を社会還元したり、サイバースペース上に学習コミュニティを立ち上げたりさせる。これらがやがてユビキタスネット学習社会の構築につながることが望まれよう。しかし、それには多様なネットワークを活用できる自己主導的学習力とともに協働的学習力を高めることが生涯学習にとっての先決課題といえよう。

次に、高度情報化の影の部分であるが、有害情報や違法情報への対応も生涯学習に新たな課題を突きつけている。インターネット上の情報には、匿名性の高い（顔の見えない）ユーザーが発信したものも混在しており、公共性、信頼性に悖《もと》るものもみられる。この点が従来のテレビ・新聞・ラジオなどの情報が発信する公共性、信頼性を重視する情報とは異なる。その意味で、インターネット上の情報については、情報選択能力を発揮して真正な情報を見抜くことが必要である。つまり、メディアリテラシーの能力習得が生涯学習の必要課題となっているといえよう。

有害情報の違法性の判断は、国や文化のちがいによって規制される。それに表現の自由の保障の問題なども加わり、法律による規制にはおのずから限界がみられる。したがって、受信者・発信者の自己統制によらざるをえない。その意味で、受信者・発信者の情報流通に対する自己統制力を向上させる生涯学習が不可欠といってよい。同時に、現在のところ有害な情報にアクセスしない確実な技術的方法や手段がない以上、発信者も受信者もそれぞれの側でセルフレイティング（自己格づけ）、ブロッキング（情報遮断）、フィルタリング（情報濾過）などの自律的な情報統制の方法やスキル、すなわち、「情報選別技術」（望月俊男「情報収集とネットワーク」遠藤克弥監修『新教育事典』所掲、三〇四頁）を身につけていかざるをえない。これも生涯学習の差し迫った課題といえよう。

最後に、デジタル・ディバイド（情報格差）の問題にふれておかなければならない。マルチメディアやインターネットの普及によって地域により情報格差が生じている。こうした事態に対応し、学校だけでなく公民館・図書館・博物館などの各種生涯学習施設にデジタルメディア機器・インターネット機器を整備するなどの生涯学習の支援方策が望まれよう。

グローバル化と生涯学習

グローバル化の波は、世界の様々な国の政治・経済・文化などあらゆる面に及び、留まる気配すらみせない。まさに地球時代への突入である。この時代は、ボーダレスの時代でもあり、地球村・宇宙船という言葉に表徴されるように、地球という空間が一つの村、一艘の船に縮小され、村内・船内の出来事がたちまち全体に影響を及ぼす。ソフト面では、瞬時をたがわない情報の電送、ハード面では、音速を越える空輸などが可能となり、旧来の時間や距離の感覚、観念が音を立てて崩れている。

地球は、こうして相互依存度を高め、相互協調の必要性をこれまでになく強めている。ところが、いまだに民族紛争、環境破壊、貧困・飢餓など深刻な地球的課題が後を断たない。もはや「個々の利害（国益・民族益）」にとらわれていたのでは「全体の益（地球益・人類益）」（山西優二「グローバル教育」遠藤克弥監修『新教育事典』所掲、三六四頁）を損なうおそれがあるというのに、事態の深刻さについての認識深化を図る地球的規模の生涯学習の取り組みは十分とはいえない。

グローバル化が随伴する緊張・軋轢の肥大という矛盾した事態に対応するには、パラダイムの転換、地球的視野の拡大、地球市民的資質の形成ひいては地球市民の育成をめざした生涯学習の取り組みが急を要しよう。これまでにも学校教育の現場を中心として国際理解教育・多文化教育・開発教育などが繰り広げられてきた。しかし、それらは、国家対国家という世界認識の枠組みを出ず、グローバル社会に生きるうえで必要な力量形成への配慮は十分であったとはいえない。地球全体を構成する個々の部分が、いかに相互に関連し合っているかという全体相互関連的な視点、つまり地球的視点の形成に向けてのグローバルな生涯学習が求められるゆえんである。では、このような生涯学習が担うべき課題は何であろうか。ここでは基本的課題として次の四点を示しておきたい。

第一に、地球的規模の諸問題の解決を図り、多文化共生社会ひいては世界を構築するには、国家対国家という世界認識の枠組み内に埋没しないで、今、世界に生起している様々な事象をグローバルに捉える視野の形成が生涯学習の不可欠の課題とみてよい。この視野は、例えば、地球温暖化の問題をエコロジカルに捉え、循環型社会の形成により開発と環境保全の調整を図り、「持続的発展」（sustainable development）を狙う姿勢などにうかがわれよう。このような視点は、従来のややもすれば国家対国家の関係にとらわれがちであった視点の転換を求めるものであり、その意味では認識や価値観の変容を迫るものでもある。なぜなら、この視点は、一九六〇年代以降支配的であった産業至上主義、開発中心主義の価値観とは、本質的に異なる共生の価値観をめざすものだからである。

第二に、グローバル化の中で、ともすれば圧殺されがちな少数民族の文化やローカルな文化の存在意義を理解し、尊重する価値観や態度を形成するという課題である。このような多文化化に対応する課題は、対話を生み出し、共生的、創造的関係をつくり出すうえで必須のものといえよう。

第三に、地球的規模の問題を解決する糸口は身近にあることに気づき、地域の活動に参加することからきっかけをつかむ、よく知られた「グローバルな視点で考え、地域から行動する」(Think globally, act locally)という課題である。例えば、地球温暖化の問題をグローバルな視点で考え、ゴミ処理の問題という身近な問題から地域住民としてかかわり、やがて国民としての枠を越え、地球市民として地球環境の保全問題の解決にかかわっていくといった課題解決の手法である。生涯学習の課題としては、参加型学習やワークショップにより「環境にやさしいまちづくり」「多文化共生の地域づくり」といった地域活動にかかわることなど、市民としての社会参加の方法が多彩に繰り広げられている。

第四に、探究型の学習により、地球規模の生涯学習社会を構築して新たな価値の創造をめざすという課題である。グローバル化は、多文化共生社会の実現を基本的課題としている以上、文化財の伝達という教育・学習の基本機能から遊離するわけにはいかない。しかし、それだけに留まらず、探究型の学習活動により新たな価値、文化を創造しつづけなければ前進は望むべくもないであろう。

少子化と生涯学習

わが国の人口は、二〇〇四(平成一六)年をピーク(約一億二七八三万人)に減少期に入っている。いわゆる「人口減少社会」への突入である。原因は、団塊の世代とその子ども世代という大きな山を二つもつ特殊な人口構造と、長期的な出生率の低下である。こうした人口減少の事態に対し、国はこれまで手を拱《こまね》いていたわけではない。「少子化社会対策基本法」や「次世代育成支援対策推進法」の制定、次世代育成支援行動計画（二〇〇三〈平成一五〉年）や少子化社会対策大綱（二〇〇四〈平成一六〉年）の策定、さらに二〇〇五（平成一七）年から政府は、育児・介護休業法に基づき、育児休業期間を延長し、介護休暇制度の運用にも取り組んでいる。しかし、このような国の少子化対策の効果が出て、今後、出生率が回復に向かうかどうかは現時点ではわからない。したがって、もしこのまま人口減少の趨勢が続けば、若年労働力の不足、日本の経済社会の活力喪失という事態が起こりかねない。

そこで、人口減少が職業環境や日常の生活環境、教育環境などに与えるインパクトを見極め、環境悪化を食い止めるための方策、なかでも生涯学習の手立てを講じていかねばならない。それには第一に、若年の生産年齢人口の減少による経済成長の鈍化を避けるための女性や高齢者などのキャリア開発、再教育・訓練が課題となる。しかし、これには就業環境の整備が先決問題である。この点をおろそかにしたまま女性を労働力として活用しようとするといっそうの少子化をもたらしかねない。したがって、女性が仕事と子育てを両立できるような就業環境の仕組みづくり、なかでも生涯学習の支援体制づくりを忘れてはならない。第二に、これから大量に離退職が予定されている団塊の世代の再就職を支援する教育・訓練、さらには外国人労働者の教育・訓練などが課題となってくる。これらは、もはや企業内教育システムによっては十分にカバーしきれない。技術革新のテンポが加速化し、人材育成（ＯＪＴ）がペイしなくなっているからである。そのため、公共団体やＮＰＯさらにはｅラーニングなどの新しい学習方法も活用した職業教育・訓練のしくみづくりの一翼としての生涯学習（Ｏｆｆ-ＪＴ）が求められよう。

少子化の進行が生涯学習を必要とするのは、子育てをめぐる日常の生活環境の変化にもよる。第一に、少産による子育て期間の短縮は、平均寿命の延長、ライフサイクルの変化などと相まって育児後の余暇時間の増大とその過ごし方を新しい課題とした。第二に、出産率の低下は、女性の社会進出や再就労の増加と相互作用し、ひいてはリカレント学習へのニーズを強める。

少子化は子どもの教育・環境にもインパクトを与え、学校教育の分野では、子育ての意義や家庭の役割についての理解を深める学習の必要性をいちだんと強めている。それには、「総合的な学習の時間」（総合学習）などを通して中学・高校生の保育体験や高齢者等と接触する世代間交流の機会を拡充する生涯学習の取り組みが求められよう。

社会教育の分野では、両親教育、家庭教育、さらには子育て支援の方法やその充実策についての学習と実践の充実が望まれよう。一方、企業や職場の人など、現時点では子育てに直接かかわっていない人たちに対しては、子育て中の人たちが職場で仕事と子育てを両立できるような「子育て支援サービス」の充実を図る取り組みへの理解や協力を高める生涯学習が欠かせない。

いずれにせよ、少子化への生涯学習的対応としては、出産・育児を安心してできるよう地域での子育て支援ネットワークの構築・運用などの地域社会づくりを生涯学習社会構築の一環として組み込んでおく必要があろう。

高齢化と生涯学習

わが国は、今や世界に例をみないスピードで、高齢化社会、高齢社会を駆け抜け、さらには超高齢社会へと突入する気配さえみせている。一方で、高齢化の要因でもある少子化が進行し、「人口減少社会」にも向かっている。そのうえ「二〇〇七年問題」、やがては「二〇一五年問題」（団塊の世代が二〇一五年にすべて六五歳以上になるため、この間の高齢人口の急増）により、迎えつつある社会は「労働力減少社会」でもある。このままの趨勢が続くと社会が活力を喪失しかねない。そこで、年齢にかかわりなく働ける（エイジレス）システムを構築していく必要性が高まっている。

そのための条件としては、高齢者をはじめだれもが安全・安心して生活し、社会参加できるように生活環境・就労環境のバリアフリー化を進め、「どこでも、だれでも自由に使いやすく」というユニバーサルデザインに配慮したまちづくり・職場づくりの総合的推進が求められよう。すでに、こうした取り組みを先導的に進め、ハートビル法(「高齢者、身体障害者等が円滑に利用できる特定建築物の建築の促進に関する法律」の略称)に基づき高齢者が円滑に利用できるように福祉施設と公共の教育施設との連携などの改善を行っている事例もみられる。こうしたエイジレス・ライフの基盤整備により、ボランティアやＮＰＯの活動、子育て支援などの社会参画が促進され、テレワーク(情報通信を活用した遠隔勤務型のワークスタイル)などの就業拡大が図られると、高齢者等だれもが生涯を通じた能力の発揮と学習の伸展が可能となるであろう。もちろん、このような生活・就労環境の整備とともに意識の革新が必要であり、それには高齢者を社会の現役からの引退生活者、年金依存者として固定的に捉えるのではなく、高齢者を地域社会の中で、一定の役割を担う重要な構成員として位置づけ、その知識・経験・学習成果などを活かせるような新しい社会システム、学習社会システムを立ち上げることが不可欠である。このような視点から高齢者をめぐる生涯学習の主要な課題として次の三点があげられよう。

a　高齢者の学習課題

高齢者の学習課題は、大きく個人的な側面と社会的な側面とに分けられよう。個人的課題は、おもに高齢期の発達課題の達成に必要な学習である。それらのなかには老いや死の受容などが含まれよう。これらの問題は、個々人のおかれている状況にも関係するが、何よりも各人の死生観と深いつながりがあるとみてよい。その意味で、高齢期には、自らの生き方、在り方を模索し、死生観を確立するという大切な学習場面を迎える。

一方、社会的課題は、現代の急激に変化する社会を生き抜くために必要とされる学習課題といってよい。具体的には、ＩＣＴ化、グローバル化の波が高齢者の生活空間を直撃している今日、新しい情報機器の使い方を身につけ、グローバル化、多文化化する時代の趨勢を理解し、社会的適応を図っていくこと。異世代間の交流などを通して、とくに若い人たちと課題を共有し、ともに解決を図り、自らの社会的役割を見つけ、維持・発展させることなどがあげられよう。

b　高齢者理解学習

若い世代が高齢者についての正しい知識を身につけ、理解を深めるために必要な学習である。とくに、高齢者に対する差別や偏見、つまりエイジズムを払拭する学習が求められる。それには、共生のための生涯学習の社会システム実現の手立てを異世代間で考え、取り組んでいくことが望まれよう。

c　高齢期準備学習

高齢期が近づいている者が、高齢期に入っていく準備をする学習である。これは、高齢期を自立的に自己選択し、社会のネットワークに参加して自己実現を達成するのに必要な学習であり、次のような配慮が必要である。①退職後や子育て後も生きがいをもって社会的に自立した生活をするための手立てをみつけておくこと。②高齢期の気力や体力の減退に備え、心身の健康維持を心掛けておくこと。③年金生活期の経済的な生活設計を立てておくこと。④退職後の人生を送る地域社会での交友関係の輪を広げておくこと。

男女共同参画社会の形成と生涯学習

従来、わが国では、女性は内働き、男性は外働きというふうに性役割の固定した分業体制で捉えがちであった。ところが、近年、このような立ち遅れた意識を革新し、男性も女性も性別にかかわりなく自らの能力を発揮して政策策定に関与できる男女共同参画社会の実現をめざして、国も法制の整備や政策策定に乗り出してきた。一九九九（平成一一）年に男女共同参画社会基本法を制定し、女性政策に法的根拠を与えた。これにより男女共同参画施策の方向性を示す「男女共同参画基本計画」（第一次）が二〇〇〇（平成一二）年に策定された。そこでは男女共同参画を推進するための重点目標の一つに「多様な選択を可能にする教育、学習の充実」を掲げ、学校教育の分野では、とくに進路指導・就職指導の充実を、社会教育の分野では男女が社会のあらゆる分野に参画していくための学習機会の充実をめざしている。さらに、二〇〇五（平成一七）年には、国は第一次基本計画の取り組みを評価・総括し、「男女共同参画基本計画」（第二次）を策定。そこでは、二〇二〇年までに、社会のあらゆる分野において指導的地位に占める女性の割合が少なくとも三割程度になるように各分野の取り組みを推進することが重点事項とされている。

こうして様々な行動計画が策定・実施されてはいるものの、いまだにジェンダー・エンパワーメント指数（GEM）一つを取ってみても顕著に事態が改善されているとは言いがたい。ちなみに、二〇〇五（平成一七）年に国連開発計画（UNDP）が発表した「人間開発報告書」によると、GEMは、測定可能な八〇カ国中四三位となっている。GEMの順位はHDI（人間開発指数）やGDI（ジェンダー開発指数）の順位に比して低く、女性の政治・経済活動への参画の機会がいまだに不十分であることを示している。ましてや、こうした機会を下支えするキャリア型の学習課題の達成を狙った学びの機会の整備は立ち遅れているとみてよい。女性が、様々な分野でリーダーとして政策や方針の決定に参画できるように、エンパワーメントやリーダーシップの開発などを学習課題とした取り組みや女性管理職メンター制度の導入によるメンタリング活動の推進等が求められよう。それに、結婚や育児と就業との両立を可能にするような多様な就業形態（例えば、在宅勤務や短時間労働、フレックスタイム制など）の導入や各種の支援体制を充実していくことが求められる（例えば、価値観が多様化する中で自分流のライフスタイルに合った働き方を求める女性に対しては、ダイバーシティ〈人材の多様性〉を活かす経営主体への支援、家事支援・育児支援サービス産業、介護支援サービス産業の振興など）。しかし、何よりも意識改革によりパラダイムの転換を図るためには、就労女性や再就職を志望する女性に対して、大学や専門学校、企業などが連携してリカレント教育やリフレッシュ学習の機会を拡充し、キャリアの開発・向上のための条件を整備する必要があろう。また、これらの学びの機会へアクセスが困難な人々に対しては、遠隔教育や、インターネット活用といった自宅で学習することを支援するサービス産業の充実も望まれよう。

これまで女性を中心に述べてきたが、「女の自立は男の自立」「妻の自立は夫の自立」といわれるように、女性に対するプログラムだけでなく、男性に対してもとくに生活的自立を促し、固定的性別役割分業意識を払拭し、男女共同参画の意識を高めるようなプログラムを開発していかなければならない。この面では、男性学の開発、その成果をふまえた各種の実践的取り組みが注目されよう。

さて、これまでみてきたように高度情報化、グローバル化など社会の変化は、様々な生涯学習の課題を浮上させていた。こうしたなかで、生涯学習のコンセプトも単に「人々が生涯を通じて行う学習」を意味するだけでなく、組織化の包括的指導原理、さらには生涯学習社会の構築をめざす考え方、理念自体をも表していることが明らかとなってきた。知識産業社会、認識変容社会のなかでの急変する社会事象に的確かつ迅速に対応するには、多角的、総合的視点に立った生涯学習の基盤整備、つまり生涯学習社会の構築が必須の課題となっているからである。そこで、次章では、生涯学習社会構築の課題にさらに立ち入り、その理念と構想にふれていこう。

参考文献

伊藤俊夫執筆・編集代表『生涯学習概論』文憲堂、二〇〇六年
井内慶次郎監修、山本恒夫・浅井経子編『生涯学習「答申」ハンドブック』文憲堂、二〇〇四年
伊豫谷登士翁『グローバリゼーションと移民』有信堂、二〇〇一年
遠藤克弥監修『新教育事典』勉誠出版、二〇〇二年

国立教育研究所内フォール報告書検討委員会訳『未来の学習』第一法規出版、一九七五年
総務省編『情報通信白書』ぎょうせい、二〇〇六年
内閣府編『男女共同参画白書』、二〇〇六年
文部科学省編『文部科学白書』、二〇〇六年
ユネスコ「二一世紀教育国際委員会」報告書、天城勲監訳『学習・秘められた宝』ぎょうせい、一九九七年

第2章　生涯学習社会の理念と構想

1　生涯学習社会論

学習社会の可能性

生涯学習体系の構築が叫ばれ、めざすべき目標として「学習社会」が定置されてから今日までに、相当な年月が経過した。そこでいわれた「学習社会」は、はたしてどのような社会であり、今日の人びとの学習活動にどのような影響を及ぼしてきたのであろうか。それまでのわが国の教育改革論争をふまえ、当時の教育状況に鑑み、主として学校において獲得した学歴のみが評価される「学歴社会」から、学校外をも含め学んだことが正当に評価される「学習社会」へという、いわば脱学歴信仰のパラダイス・ビジョンとしてそれは描かれもした。はたして、社会問題ともなった「学歴社会」が、生涯学習体系構築によって「学習社会」に移行可能となったかどうかについては、はなはだ疑問である。しかし、生涯学習体系化で描かれた学習社会の構図は、社会的なものであれ、政治的、経済的なものであれ、ともかく社会のあらゆる機関や組織や集団が教育や学習の機能を分有し、共に教育や学習活動を繰り広げながら、「誰もが、いつでも、どこでも、生涯にわたって学ぶことができる」、また学ぶことを助長されるような支援環境を創出している社会とされたのである。国および地方自治体が推進してきた生涯学習推進体制構築の目的が「学習社会」にほかならず、地域社会の「学習社会化」をめざしてきたことは事実である。こうした意味から、生涯学習のあり方は、学習社会との関連においてとくに強調されてきたのであり、そこに、これまでとは異なる人間尊重の教育、学習の意義を見出そうとしてきたのである。

いわゆる「学習社会」という用語は、著名な教育思想家で、元シカゴ大学の学長、ハッチンス（Hutchins, R. M.）が一九六八年に著した『学習社会論』において初めて登場したといわれている。そして、一九七四年にはアメリカのカーネギー高等教育委員会が『学習社会を目指して』と題する報告書を発表した。また、教育理念としての「学習社会」という考え方がわが国で広く知られるようになったのは、ユネスコの教育開発国際委員会が、一九七三年に公刊した報告書が『未来の学習』という題で邦訳、出版されてからだという。学習社会論の系譜はこの三篇をもって語られることが多く、今日においても生涯学習の基本的な理念構築の礎となった論考としてそれらの重要性は、変わらない。

しかし、ハッチンス以前にも、トーマス（Thomas, A.）などが、学習社会の構想を打ち出していたことは知られている。彼は、カナダのオタワで開催された成人教育全国会議において、学習社会とは、教育ではなく学習が多くの機関の中心的で一般的な関心事であるような社会であると言明し、学習社会概念を明確に示していた。つまり、学習社会を「だれもが学ぶことができ、学ぶよう推奨されるような環境を創り出す真に民主的な社会」だとみなしている。さらに、彼によればその社会が生き残れるかどうかは、一つに一般市民が絶えず学びつづける能力を発揮できるかどうかにかかっているという。彼は、学習社会論における主要な概念として一般市民の学習参加、国政の学習に対する支持的構造、学習機会を提供する労働の概念、国際的な学習交換を進める対外政策などをあげ、これらすべてを絡めて現行教育システムの学習社会への再編を当面の課題とみなしている。学習社会の概念は、トーマス以後、ハッチンスが、右記の『学習社会論』を公刊するに及び、さらなる発展をみたと理解できる。

学習社会論の系譜

ハッチンスによれば、教育は本質的には、産業革命以降がそうであったように、学校という形態をとり、政治的、経済的、そして軍事的に、手段として利用されるためにあるのではないという。「教育は、教育のためにある」ことが、その本来の姿であるという。そして来るべき社会を労働の束縛から免れた社会、すなわち「余暇社会」として位置づけ、そうした余暇が人びとの日常のものとなった歴史の新しい段階において人間は教育の本来の姿を取り戻し、人生の真の価値の実現を図ることができると彼は考えた。

したがって、来るべき学習社会では、教育は従来のように、よい職業につくこと、人材を養成すること、つまり、働く人間を育成することを目的とするのではなく、「賢く、楽しく、よく生きる」(to live and agreeably and well)という「人生の真の価値」の実現こそめざすべきものであるとされた。

彼は学習社会を次のように定義している。

　成長してさまざまな教育水準にあるすべての男女に対して、一日のうちのわずかな時間を成人教育に提供することに加えて、社会の価値の転換に成功し、その結果、学ぶこと、充実した人生を送ること、そして人間らしくなることが教育の目標となり、すべての機関がこの目的の達成に努力するような社会
(Robert M. Hutchins, *The Learning Society*, Pall Mall Press, 1968. 笠井真男訳『教育と人格』[現代人の教養1] エンサイクロペディア・ブリタニカ日本支社、一九六八年、三一七—三一八頁)

すなわち、ハッチンスによればたんに教育機会が広く成人に開かれている社会、制度的に成人教育が発展している社会を学習社会と呼ぶことはできないというのである。教育の目的が職業のために向けられているのではなく、「人間らしくなる」ことにおかれているように、価値を転換することが学習社会の実現条件であり、そうした学習社会のモデルとして、彼は古代アテナイの都市国家に言及したのである。

そして、学習社会実現の鍵を握るのが社会における「価値の転換」の成否であるとし、その価値の転換を果たす役割をまさに教育に要望している。そして、ハッチンスは、価値の転換が可能な社会について、「すべての人が教育機関でまず教養を身につける教育を受け、こうした機関の内外で教養のための学問を引きつづき学ぶような社会」、また、「本来の内容をもつ大学や、独立した立場をもって思索し、批判を行う中心が存在する社会」であると述べている（前掲訳書、三一九頁）。

ハッチンスのこうした考え方は、やがてユネスコの教育開発国際委員会に引き継がれ、国際舞台での議論となる。*Learning to be* という委員会報告書となって結実し、学習社会の概念はグローバルな注目をひくに至った。これが、委員長の元フランス首相、フォール（Faure, E.）にちなんで「フォール報告書」と呼ばれているものであり（国立教育研究所内フォール報告書検討委員会訳『未来の学習 *Learning to be*』第一法規、一九七五年）、わが国社会教育関係者にとっても大きな影響を与えてきた。

この報告書の主旨は、社会と教育（学校）との関係は本質的に変えられなければならないということ。すなわち、教育の将来構想は、社会のあらゆる部門が構造的に統合される一つの総合的全体の形成、つまり、学習社会の形成をめざさなければならないという。学習社会が到来すれば、社会のあらゆる組織が教育と密接にかかわり合い、教育が社会全体を包摂するほどまでに浸透し、そこでは社会の中で教育の責任を個人に帰することはされず、教育の権限も、教育の専門家だけに一方的に委ねられず、グループ、団体、地域社会、その他あらゆる組織・機関が教育的な機関になることによって教育的責任を分配するようになる。

ここで構想されていることは、二一世紀に生きるわれわれの視点に立てば、獲得した知識を自らの認知レベルの知恵にまで拡大することができると理解できる。そして、「今日の新しい人間」は、自然、社会、仲間を把握し、理解している。そのうえで人間は、自分自身のために人間「世界」に賢明にはたらきかける「必要な技術」を身につけている。現代社会においては、人間は、「自己の運命の潜在的主人」であるという（前掲訳書、一八三―一八四頁）。

しかしながら、現状では「パーソナリティを構成する諸要素の分裂」をますます促すような位置にわれわれはおかれている。すなわち、「分割された人間」（man divided）というのがグローバル化を迎えた今日においても基本的な人間像である。この報告書であげられている「分裂」とは、次のようなものである。すなわち、「社会の階級分裂」「仕事からの疎外や仕事の性格の断片化」「筋肉労働と知的労働との人為的対立化」「もろもろのイデオロギーの危機的状況」「これまで認められてきた神話の崩壊」「肉体と精神との、もしくは物質的価値と精神的価値との分裂」などである（前掲訳書、一八四頁）。

人間が「情意的資質、特に個人と他の人びととの関係におけるそれを発達させる」ために、教育の特定の目標の一つがおかれている。また、教育活動に伴う知識、訓練、練習は、人間の美的活動、身体を自由に使うこと、思考などのために必要とされる。すなわち、「人間の身体的、知的、情緒的、倫理的統合による『完全な人間』の形成は、教育の基本的目標の広義の定義である」ということ。こうした「完全なる人間」（complete man）を教育の基本的な目標対象とするのが、「フォール報告書」の基本理念である（前掲訳書、一八四―一八九頁）。

学習者としての人間はすべて、「極めて具体的な存在」である。すなわち、「時間的にも空間的にも限定された自己の生存の過程の中で、人間の本性の二つの面（抽象性と具体性）を弁証法的に調和させることのできる人間である」。人間が学習を続けていくのは、「生存を続け、また進化していく」ための必要条件であり、人の一生は「完成と学習の終ることのない過程」である。こうした「フォール報告書」の生涯教育の考えの基底となっているのは、「人間は『完全な生活を目指す』ことをやめないし、完全な人間として生きようとすることをやめない」という生涯学習者としての人間の基本認識である（前掲訳書、一八七―一八八頁）。

著名な心理学者のフロム（Fromm, E.）は、生涯学習にかかわる人の有り様に興味深い考え方を提起している。

彼の『生きるということ』によれば、人の生きる様式は、「持つ様式」と「ある様式」の二つがあるという。「持つ様式」とは、「財産、知識、社会的地位、権利などを所有することに専念する様式」であり、「ある様式」とは「自己の能力を能動的に発揮し、生きることの喜びを確信できるような様式」である。そして、この「持つ様式」から「ある様式」へという人間の存在様式の転換をめざすこと、つまり人が学習を継続することの意義は資格取得、職業準備等に主眼があるのではなく、まさに生き甲斐を主眼とする学習継続が重要であるとしている。（前掲訳書、一八八頁、E・フロム、佐野哲郎訳『生きるということ』紀伊国屋書店、一九七七年を参照）。

一九七〇年代には、この「フォール報告書」のほか、フーセン（Husén, T.）の『学習社会論』（Torsten Husén, *The Learning Society*, Methuen & Co. Ltd., 1974.）やカーネギー高等教育委員会（The Carnegie Commission on Higher Education）が公表した前掲報告書『学習社会を目指して』（*Toward a Learning Society: Alternative Channels to Life, Work and Service*, McGraw-Hill Book Company, 1973.）などでも学習社会のビジョンが描き出されている。

カーネギー高等教育委員会は、ハイスクール以後におけるあらゆる教育を中等後教育として定義し、その改革をめざしている。したがって、この報告書の性格づけは、中等後教育を学習社会の実現という観点から体系化しようとしたものといえる。

「カーネギー報告」では、学習は技術訓練や「準学問的な」（quasi-academi）、あるいは「非学問的な」プログラムをも含むものとして捉えられている。また、仕事（労働）についてハッチンスは将来においてはあまり意味をもたなくなるであろうと主張していたが、この報告書では、あくまで仕事はほとんどの人間にとって生活の中心に位置することに変わりはない、という前提に立っている。

そこでこれら二つの目的にそってなされている主張を以下にまとめる。第一に、この報告書において主として取りあげられているのは、①高等教育において「非伝統型」(non-traditional) 学生がどう位置づけられるべきであるか、という問題。そして、②「特定の職業的または生活上の技能の修得をめざすもの」と定義されている「継続教育」(further education) の役割増大についての問題、の二つである。

第二に、現状での大学進学の実情と中等後教育制度における欠陥の指摘である。すなわち、カレッジにおける「不本意」就学者の増大に代表されるユニバーサル・アテンダンスへの方向に対しての危機感を委員会は表明している。また、生涯学習 (learning throughout life) という観点での中等後教育に対する認識不足の警鐘、およびアカデミックな内容やカレッジへの財政的援助の偏りの指摘がなされている。

第三に、中等後教育の拡大、充実のための具体的な方策の提案である。例えば、青年の「一時休学」(stop-out) の奨励と「モデュール」による学習の積極的推進、企業、労働組合、軍隊および全国的な社会奉仕におけるプログラムの拡張、パートタイム学生や成人学生のための教育機会を増大するための「短期完結」教育プログラムの提供など、住民がより学習に接近しやすくするためのコミュニティ・カレッジの普及、「学習パビリオン」(Learning Pavilion) の設置構想、新しい学外学位プログラムの開発研究、「教育基金」(educational endowment) や「二年間の教育預金」(two years in the bank) などの制度を考慮すること、企業や官庁における教育休暇についての検討、経験的学習による学習成果の累積的な記録の重視などがある。

こうして学習社会論が様々な立場からの多大なる関心を集めるなかで、わが国の文教政策および社会教育関係者を中心としてこの問題が取りあげられるに至ったのである。さらに、今日ではインターネットによって世界中がネットワーク化され、政治・経済の劇的な変容を生じさせ、労働環境のグローバル化が進んでいる。そこにおける、人びとの仕事と学習の関係性が複雑化する今日の社会状況に鑑みると、学習社会構築の理念が、古典的思潮で提起された課題や達成目標をより複雑化している現状がある。

2　生涯学習社会の基盤づくり

生涯学習振興体制

わが国における「学習社会」をめざす社会目標、基盤づくりは、中央教育審議会答申「生涯教育について」(一九八一〈昭和五六〉年)において「社会の教育機能」に関心が示され、「生涯学習のための社会の様々な教育機能を相互の関連性を考慮しつつ、総合的に整備・充実しようとするのが、生涯教育の考え方である」と言明されたことを嚆矢とする。それまでの社会教育行政施策や人びとの自主的な学習活動を基底としながら、生涯学習社会の構築をめざす社会的な取り組みが本格化したのである。

生涯学習社会の構図を想定し、そのための基盤づくりを考える際、成否を決める重要な事項は、地方自治体が掲げる「生涯学習都市」として生涯学習が究極の目的とする学習社会の構築と絡んでおり、それは大きく次の二つの条件の整備にかかっているとみてよい。すなわち、人びとの学習機会拡充の整備を積極的に進めていく側面、さらに自ら主体的に学習することのできる自己学習者の育成の側面である。

「だれもが、いつなんどき、どこでも、何からでも、どの場面からでも」学習できる社会、つまり、だれもが自由な学習者(フリーラーナー)として自分に最も適した方法で学習できるのが学習社会である。そのためには、学習機会が多様に、様々なレベル、様々な領域分野において開かれていることが、学習社会への基本的要件である。また、学習機会が開かれても、それを生涯にわたって適宜享受しうる主体的な生涯学習者が不在であれば意味をなさない。さらに、一度学習に挫折した学習者が再び学習機会に参入しようとした際に、そのことが妨げられず、再参加することが可能でなければならない。学習社会を志向し、生涯学習振興の計画立案が主体者側への学習条件整備に第一義的に留意しなければならない理由はそこにある。

学習機会の拡充を考えれば、生涯学習のためのプログラム作成のあり方も重要となるが、家庭や地域、さらには企業も巻き込んで社会全体における教育や学習の環境整備を配慮した基盤づくりがめざされる必要がある。自治体においては、部局内各課、官民等の連絡・調整の役割を担う生涯学習推進組織の設置や中核的な学習施設の建設、事業の構造化、体系化などが計画立案を支える柱となる。

また、生涯学習の振興のためには、多様な学習支援体制の整備が不可欠であり、とりわけ今日ではインターネット上での学習情報の提供や各種の学習カウンセリング、学習支援方法のメニュー化などが重要となっている。具体的な援助方策としては、リカレント型の有給教育休暇制度やバウチャー・システム、届ける学習機会としてのアウトリーチなどの学習関連の公共政策や事業などのシステム開発および導入、積極的活用が必要である。また、学習機会の拡充は、単に物的アプローチにより教育施設や設備の整備を図るだけでは不十分であることは明白である。生涯学習社会の図案設計においては、いわゆる人的アプローチも採用して心理的、社会的な学習援助のシステムも構築することが志向されるべきである。

学習社会構築のための戦略

これまでの生涯学習推進の計画や具体的な事業推進においては、次のような視点が重視され、改善方策に活かされてきた。

(1) 利便性の高い学習機会を拡充することにより、情報化社会に対応した生涯学習の実現を企図し、学習要求の高度化、多様化への対応をはかる。

(2) 学校をはじめとする教育施設の開放を促進するとともに、専修学校・各種学校など中等後教育の振興を奨励する。とくに、高等教育機関等における公開講座や人材派遣等の開放的教育機能の拡充方策は、卑近な重要課題であり、総体として学校と社会の新しい関係の構築を学習社会形成という観点で志向する。

(3) 学習活動の支援にかかわる人材の発掘とボランティア活動の推進は重要であり、それが高齢者の増大に対応しうる潜在的学習機会の充実を地域において実現し、さらに心身に障害をもち、特別教育支援を必要とする弱者住民層の学習参加をも保障する。

(4) 民間企業等を含む地域の教育資源の有機的活用を推進し、公的・私的両面から人びとの学習・芸術・文化の拠点となる学習環境、施設を引き続き整備するとともに、有効な既設資源の活用を促進する。

(5) 生涯学習の情報システムの構築は、インターネットの社会整備に連動して、学習にかかわる人的、情報のネットワークの形成に基づいてすすめる。

(6) 生涯学習社会における新規の学習システム開発という点では、とくに個々の学習成果が評価され、「学習歴」の蓄積を前提とする諸活動の促進につながることを重視する。

こうした視点は、長い間社会教育現場においては、計画立案や事業推進においても指摘され、改善方策に活かされてきたことである。したがって、今後の新しい視点に立った生涯学習の計画立案においてはこうした従来型の社会教育計画の課題を敷衍しつつも、学習社会というコア・コンセプトを想定した戦略的、挑戦的な施策やプランニングが断行されなければならない。

個々人の多種多様な学習の機会や学習手段を整備し、各人がそれらの中から自己に適したものを適宜選択し、利用し得るシステム、例えば、「ピック・アンド・ミックス方式」等の学習メニュー・システムを開発支援することを促進する。これは、個々の学習者が主体的に各種の学習プログラムの中から、自己の問題意識に適合したものを選んで、固有の計画表（メニュー）を作成して学習をすすめる方式であり、各地でその導入が進んでいる。地域住民が学習者として、彼らの住まいの場（住居近隣）へと配達される学習を「届ける生涯学習」として研究開発する。従来型の承り学習を脱却して、イベント、あるいは学習の場における直接体験の機会を組み入れた創造型の学習へと転換する。統合化という視点では、自治体が教育委員会や各部課等、単独で実施してきたものをそれぞれの持ち味を活かしたいわゆるマトリックス方式を採用し、複数の部課が連携協力することでタテ割の弊害を克服し、各種の交流事業や連携事業を積極的に開発する。生涯学習の視点から年齢や集団の枠を超え、だれでもがいっしょに参加できる共生や連帯のための事業をすすめる。民間企業との合同企画で事業を実施する。その際、いわゆる「冠事業」だけではなく、地元企業の協力のもとその教育資源を地域住民の生涯学習関連事業に活用する方途を開発する。

また、学習社会への発展段階において施策的に導入すべき継続的な課題認識として、初等・中等教育段階の教員の生涯学習に対する関心や理解を深めるための方策を引きつづき研究する必要がある。教育・学習がもはや学校の専売特許ではないことは自明であり、生涯学習の一翼を担う意識形成が進んでいる教師が一部増大してきた反面、教師の全体的な意識面での改革は決してこの二〇年間、劇的に変容を遂げたとはいいがたい。これは学校教育および社会教育の両面から生涯学習社会を構想する場合に克服しなければならない大きな課題として引きつづき取り組まれるべきである。とくに、学校教育段階でのしっかりした自己教育の素地が子どもたちの中に育てられなければ、学校教育以後の生涯にわたって学習を継続しうる自己教育力の発揮は個々人にとうてい期待できない。

第二に、生き残りのため、いわゆる生涯就労に対応する学習の機会拡充が重要な視点である。従来型の社会教育では看過せざるをえなかった職業能力開発を総合的に推進するための生涯学習計画立案が必要とされている。第三に、せっかく学習機会が拡充され、そこで学習活動を展開しても、その学習の成果を活かす活動の場が欠けていたり、人びとの学習の成果が正しく評価されなければ、社会的に学習を継続し、深め、人びとの学習意欲を増進させることは容易ではない。そこで、各省庁、地方公共団体、民間団体等で広く行われている技能審査・資格認定に関しても適切な情報提供を行い、学習成果を活用しやすくすべき視点が重要となってくる。

3　地域からの生涯学習社会化

「生涯学習のまちづくり」の視点

今日では、臨時教育審議会答申を受けて、本章の標題のように「学習社会」よりも「生涯学習社会」というタームの方が多用され、定着している。この場合、「生涯学習社会」とは、「学習社会」の理念的なイメージをより具体的に示したものであり、だれもが生涯にわたってそれぞれの意欲、適性、能力に応じて学習できること、また、だれもがいつ、どこで学んでもその学習歴や取得した資格、専門的技能などのような学習の成果が適正に評価され、社会で活かせるようなシステムが整備されていることがとくに強調されている。

このような社会を実現するための方策の一環として、生涯学習の基盤整備がすすめられてきた。その典型的な事業が「生涯学習のまちづくり」である。生涯学習社会にふさわしいまちづくりをすすめるために、国は、二〇〇二—〇四（平成一四—一六）年度にかけて、「生涯学習まちづくりモデル支援事業」を繰り広げ、地域における「生涯学習推進」と「まちづくり」へのかかわりに影響を与えた。それが教育委員会関連部署に限らず、様々な行政施策として、地域住民の学習活動と地域活動が結実した「まちづくり活動」として各地で展開されてきたのである。

例えば、兵庫県においては、二〇〇一（平成一三）年二月、成熟社会にふさわしい兵庫づくりの新しい羅針盤として『二一世紀兵庫長期ビジョン——美しい兵庫』が作成された。県民主役、地域主導で策定したこの「ビジョン」は、県内七地域（旧県民局管内、現在は一〇県民局に再編）の将来像を描いた「地域ビジョン」と、それらをふまえ、全県的な視点から兵庫のめざす将来像を描いた「全県ビジョン」で構成されている。その中で、筆者が居住する北播磨地域では、「北播磨地域ビジョン」四つの願い・四つの目標、「(1)誰にも心地いいハートランド」「(2)いつも楽しいハートランド」「(3)いつまでも美しいハートランド」「(4)どこよりも力強いハートランド」を具体的な目標として掲げ、地域住民からなる委員会で検討した各種事業を展開している。実際に展開されている地域活動事例として、「地域子どもの日をつくろう」県民行動プログラムにおいては、「①地域のなかで子ども達との関わりを深め、子ども達も地域づくりに参画することによって地域の教育力の向上と郷土愛を持った子ども達を育てることを目指します。さらに、子育てでは、家庭・学校・地域の三者が一体となって同心円上に協同サークルを形成することを目指します。②この実現のため、『地域子どもの日』を設け諸活動を実践する日とします」とされている。こうした取り組みを通して、地域住民と行政が一体となった地域づくり、そのプロセスにおける学習を通じての地域学習社会の理念が実践活動に結実している。

4　合併を伴う地方自治体の変革と再生

「生涯学習のまちづくり」を通じて、生涯学習社会へ向けての課題は、兵庫県の地域ビジョン委員会のような地域住民の（学習）ネットワークを多角的、有機的に形成することである。これは、教育システムが総体として学校教育中心の「活字文化型システム」から「統合型情報社会化型システム」へ転換する必要があることを示している。そこでは、インターネットを中核とする情報技術の可能性を徹底的に取り入れて、すべての個人が必要とする情報を、いつでも、最も望ましい形で提供し、各人の希望する学習活動を可能にする環境が整備されることである。それには、「インテリジェント・スクール」「生涯学習センター」を生涯学習都市の中核施設と位置づけ、生涯学習社会における学習・情報環境の整備、インフラストラクチャー確立を中心的な課題として取り組む必要がある。また、そうした生涯学習社会への舵取りは、自治体組織の自己革新を意味し、合併等による新しい地方自治体のあり方を模索することと不可分に関連している。すなわち、都市（まち）行政から都市（まち）経営へ、地域経済の経営主体としての自治体像を地域社会システム全体を経営するという発想への転換を促すものである。「生涯学習のまちづくり」を合併によって発足した新たな自治体のＣＩ（community identity）戦略として、確固たるものとし、地域の新しいあるべき姿（シンボル、スローガン、イメージなど）を形成し、確立していく、そのことによって地域からの生涯学習社会化は、新たに始まるといえる。生涯学習社会は、地域づくり型自治体として、住民参加型民主主義の組織構造への変革的試みの結果として生じる概念であるといえるのである。

参考文献

赤尾勝己編『生涯学習社会の諸相』（現代のエスプリ 四六六）至文堂、二〇〇六年
新井郁男編『ラーニング・ソサエティ――明日の学習をめざして』（現代のエスプリ 一四六）至文堂、一九七九年
新井郁男『学習社会論』（教育学大全集８）第一法規、一九八二年
飯島宋一・石井威望・榛村純一編『生涯学習最前線』ぎょうせい、一九八七年
伊藤俊夫・山本恒夫編『生涯学習推進体制の構築』（生涯学習講座１）第一法規、一九八九年
国立教育研究所内フォール報告書検討委員会訳『未来の学習 *Learning to be*』第一法規出版、一九七五年
新堀通也『生涯学習体系の課題』ぎょうせい、一九八九年
兵庫県北播磨地域ビジョン委員会編『北播磨地域ビジョン委員会の活動報告書』兵庫県北播磨県民局、二〇〇三年

第3章　生涯学習関連政策の動向

1　理念から構想実現へ――二〇世紀後半における生涯学習政策論

国際社会における生涯教育の提唱

生涯教育の用語が国際社会の舞台に登場したのは一九六〇年代である。当時ユネスコの成人教育課長を務めていたラングラン（Lengrand, P.）は一九六五年、パリのユネスコ本部で開かれた第三回成人教育推進国際委員会の席上、「エデュカシオン・ペルマナント」（l'éducation permanente）と題するワーキング・ペーパーを提出した。このワーキング・ペーパーの底本であるラングランの同名の著書は、前述の会議に出席した波多野完治によって邦訳され、『生涯教育入門』第一部・第二部として刊行された。

このような動きをはじめとして日本国内においても生涯学習の議論が活発化しはじめ、一九七〇年代に入ると政策課題の一つとしても検討されるようになった。これ以降の生涯学習論の流れはおおむね、七〇年代の形成期（啓蒙段階）、八〇年代の転換期（総合化段階）、九〇年代の構想期（具体化初期）、二〇〇〇年代初頭の普及期（具体化中期）に大別されよう。

一九七一年の二答申

生涯教育論がわが国で初めて文教施策の課題として公表されたのは、一九七一（昭和四六）年であった。同年四月、社会教育審議会は「急激な社会構造の変化に対処する社会教育のあり方について」答申した（六八年七月諮問）。同答申は「急激な社会構造の変化」がもたらした問題として、「個性の喪失、人間疎外、世代間の断絶、地域連帯意識の減退、交通災害、公害、自然の破壊」などをあげ、社会教育への期待を明らかにした。

これとほぼ並行して、学校教育政策を中心とした生涯教育論についても検討された。一九七一（昭和四六）年六月、中央教育審議会（中教審）は「今後における学校教育の総合的な拡充整備のための基本的施策について」答申した（いわゆる「四六答申」。六七年七月諮問）。同答申は審議の意義について、「生涯教育の観点から全教育体系を総合的に整備すること」を強調している。

一九八〇年代に入ると、生涯教育政策の議論は新たな段階を迎えた。その意義の一つは、生涯教育の観点による検討を社会教育と学校教育とに分けず、総合化してすすめようとした点にある。意義の二は、生涯教育から「生涯学習」へと視点を転換した点にある。第三の意義は、生涯学習体系への移行を目標に、教育制度にとどまらず社会制度全体の見直し、再編を図ろうとした点にある。

一九八一年の中教審答申

一九八一（昭和五六）年六月、中教審は「生涯教育について」答申した（七七年六月諮問）。同答申は「学歴偏重の社会的風潮」を改め、「人々の生涯を通ずる自己向上の努力を尊び、これを正当に評価する、いわゆる学習社会」の実現をめざすべきことを求めた。ここには、明治期以来のいわゆる学歴主義が手掛かりとした個人志向型の教育観が垣間見える。しかし、後述する臨時教育審議会以降の議論にみられるように、国家または産業界の要請を背景とした社会志向型教育観を放棄したわけでは必ずしもなかった。

臨時教育審議会（臨教審）の設置

一九八四（昭和五九）年八月、内閣総理大臣直属の諮問機関として臨時教育審議会（臨教審）が設置された。教育審議会でありながら文相直属でなく首相直属としたのは、たんなる文教施策に留めず社会制度全体の総合的再編を企図した姿勢の反映とみることができよう。

臨教審は同年九月に諮問を受けて検討を重ね、教育改革の基本方針について四次にわたって答申を出した。

臨教審第一次答申

一九八五（昭和六〇）年六月、臨教審は第一次答申を提出した。同答申が提示したおもな検討課題は、①生涯学習体系への移行、②中高年労働者の再教育・再配分、③学歴社会の弊害の是正、④生涯学習体制の整備、⑤学校教育・家庭・地域の教育の活性化にある。とくに③は「社会慣行や人々の行動様式に深く根ざしている」問題であるため、「長期的な視点」に立ち、「学校教育面、企業・官公庁の採用などの面の三つの面から総合的に是正策が展開される」ことを期した。④については、「高等学校、短期大学、大学、専修学校などへの社会人受け入れ制度（教育・訓練休暇、リカレント制を含む）の在り方、各種の教育機関相互や職業訓練機関などとの連携と体系化、資格制度、企業内教育・訓練の在り方」などについての検討を提起した。このように、生涯学習政策を労働政策、労働市場政策と不可分のものとして位置づけたのである。

同年七月、首相が主宰し全閣僚を構成員とする教育改革推進閣僚会議が設けられ、文部省には事務次官を本部長とする教育改革推進本部が設けられた。

臨教審第二次答申

一九八六（昭和六一）年四月、臨教審は第二次答申を提出した。同答申のねらいは「個性尊重の原則に立って、生涯学習体系への移行を主軸とする教育体系の総合的再編成を行うことにより、現在の教育荒廃を克服し、二一世紀に向けて我が国における社会の変化および文化の発展に対応する教育を実現しようとすることにある」。その基本方針は「新しい柔軟な教育ネットワークの形成」とされた。

同答申のうち注目すべきは、「生涯学習体系への移行」が主軸に位置づけられている点、学校肥大化克服のために社会教育、職業能力開発、公開講座、民間活力など多面的施策を提言している点などである。

臨教審第三次答申

一九八七（昭和六二）年四月、臨教審は第三次答申を提出した。同答申は「社会の変化に主体的に対応し、今後も社会の活力を維持し豊かな社会を築いていく」ための課題について、「学歴社会の弊害を是正」し「高度化・多様化している人々の学習要求にこたえる学習環境を整備すること」をあげた。そのためには、だれもが「いつでもどこでも学べ、その成果が適正に評価され、社会で生かせるようなシステム」、すなわち生涯学習社会の構築が必要であるという。

こうして第三次答申は、一九九〇年代以降の生涯学習の法制化と各地域における施策の基本的方向に一定の道を拓くことになったのである。

臨教審第四次答申（最終答申）と具体化方策

臨教審は一九八七（昭和六二）年八月、第四次答申（最終答申）を提出し、これまでの審議を総括した。その基本的な考え方は、①個性重視の原則、②生涯学習体系への移行、③国際化、情報化等の変化への対応に集約される。とはいえ、これらは個別の改革理念ではなく、社会の変化がもたらす時代的要請を受け、個性重視の原則に立って、生涯学習体系への移行を主軸に教育体系の総合的再編成を図ろうとするものである。

四次にわたる答申を受けて同年八月、文部大臣を本部長とする教育改革実施本部が設けられ、一〇月には教育改革推進大綱「教育改革に関する当面の具体化方策について」が閣議決定された。

翌八八年七月、文部省は生涯学習体系への移行を目標に機構改革を行い、筆頭局として生涯学習局を設けることとなった。これにならって多くの自治体においても社会教育課・係が生涯学習課・係へと転換した。しかし、必ずしも根本的な改編には至らず、横滑りの名称変更にとどまる例が少なくなかった。

一九九〇年の中教審答申

一九八七年一〇月に閣議決定された教育改革推進大綱には、生涯学習体系への移行のために政府として取り組むべき課題が掲げられればしたものの、その具体策についてはなお検討の余地が少なくなかった。そこで八九（平成元）年四月に中教審が再開された際、「新しい時代に対応する教育の諸制度の改革について」の第二項目として、「生涯学習の基盤整備について」諮問が行われた。

これを受けて中教審は「生涯学習に関する小委員会」を設けて検討を行い、その経過を公表したうえ、これに対する関係団体等の意見等を勘案してさらに審議を重ね、翌九〇年一月、「生涯学習の基盤整備について」答申した。同答申は生涯学習の基盤整備のための具体的施策について、次の四点を提言した。

(1) 生涯学習の推進体制を整備する。
(2) 地域における生涯学習推進の中心機関等を設置する。
(3) 生涯学習活動の重点地域を設定する。
(4) 民間教育事業を間接的に支援する。

生涯学習振興法の制定

一九九〇（平成二）年一月の中教審答申の趣旨を受けて同年六月、生涯学習に関するわが国最初の法律「生涯学習の振興のための施策の推進体制等の整備に関する法律」（通称「生涯学習振興法」）が制定された（同年七月施行。巻末資料を参照）。同法の成立は生涯学習政策に初めて法的根拠を与えたものであって、これをもって生涯学習社会構築のための取り組みが本格的に動きはじめたとみてよい。

むろん、生涯学習社会の実現についてはすでに一九八一年の中教審答申や八七年の臨教審第三次答申等でふれられてはいた。しかしながら、これらは構想の域を出たものでは必ずしもない。一九九〇年代初頭に生涯学習振興法が制定された意義は、生涯学習社会実現に向けての体制整備が実質的に着手された点にあるといえよう。

一九九一年の中教審答申

中教審は一九九一（平成三）年四月、「新しい時代に対応する教育の諸制度の改革について」答申した（八九年四月諮問）。生涯学習については、前年一月の中教審答申に関連して「生涯学習社会への対応」が第Ⅲ部に充てられ、生涯学習社会の実現に向けて学校に期待される役割や具体的施策を示すとともに、学習成果を適切に評価するしくみの拡充など今後の方策について提言している。

学習成果の評価については、「学歴偏重の弊害を是正」し「さまざまな生涯学習の成果を広く評価し活用していく」ために、「生涯学習社会にふさわしい評価の体系」を整備する必要性を指摘している。そのうえで、次の四つの方策を提言している。

(1) 学習成果を評価する多様なしくみを整備する。
(2) 一定水準以上の学習成果を大学の単位に組み込むしくみを拡充する。
(3) 学習成果を広く社会で活用する。
(4) 学習成果の評価に関する調査研究、学習成果の評価や活用に関する啓発を行う。

同答申はこれらの提言の結びとして、企業・官公庁、大学、高等学校、家庭の各関係者に対して、それぞれ協力を呼びかけている。旧来の学歴偏重社会から脱却し、生涯学習社会を実現するには、学習成果の評価システムの構築が必須の前提条件だからである。

一九九二年の生涯学習審議会答申

一九九〇（平成二）年八月、生涯学習振興法に基づき、社会教育審議会に代わって生涯学習審議会が設置された。同審議会は九二年七月、「今後の社会の動向に対応した生涯学習の振興方策について」答申した（九一年二月諮問）。審議は四つの部会に分けて行われ、その基本的な考え方について、①生涯にわたって学習に取り組めるライフスタイルの確立、②学習需要を具体的な学習行動にまで高める必要性、③高度で専門的な学習需要への対応、④学習の成果を生かせる機会や場の開発と提供の四点に集約した。

これらのうち生涯学習社会の構築にかかわって、とくに注目すべき点は、現代的課題に対応する学習機会の拡充や体系的・継続的なリカレント教育の推進のために、高等教育を視野に入れた生涯学習の振興などが提言されている点であろう。

一九九六年の生涯学習審議会答申

一九九六（平成八）年四月、生涯学習審議会は「地域における生涯学習機会の充実方策について」答申した（九五年五月諮問）。この答申は、地域における学習機会を拡充するために必要な改善方策について検討し、次の四点について提言をまとめている。

(1)　社会に開かれた高等教育機関

(2) 地域社会に根ざした小・中・高等学校
(3) 地域住民のニーズに応える社会教育・文化・スポーツ施設
(4) 生涯学習に貢献する研究・研修施設

一九九八年の生涯学習審議会答申

一九九八（平成一〇）年九月、生涯学習審議会は「社会の変化に対応した今後の社会教育行政の在り方について」答申した（九七年六月諮問）。これは、戦後の社会教育法制がほぼ五〇年を迎えるなかで、社会の変化に伴う行政ニーズの多様化、複雑化等に対応した社会教育行政諸般の体制について地方分権推進の観点から様々な指摘がなされていることなどを受け、関係法令の見直しを含めた今後の社会教育推進のために、次の三点について具体的方策を提言したものである。

(1) 地方公共団体の自主的な取り組みの促進
(2) 社会教育行政における住民参加の推進
(3) ネットワーク型行政の推進

本答申は、政府・地方分権推進委員会の勧告などを受けて、同月に出された中教審答申「今後の地方教育行政の在り方について」（九七年九月諮問）と連動したものであって、生涯学習社会構築の中心的な役割を担うものとして社会教育行政を位置づけた点に意義がある。

なお、この趣旨に基づいて一九九九（平成一一）年、社会教育法が一部改正された。

一九九九年の生涯学習審議会答申

一九九九（平成一一）年六月、生涯学習審議会は「学習の成果を幅広く生かす――生涯学習成果を生かすための方策について」答申した（九七年六月諮問）。

同答申は、生涯学習政策の重点を学習機会の提供から生涯学習成果の活用促進に向けた施策に移行させることを課題と捉え、次の三つの観点を提示して学習成果の活用の機会、場の開発、そのための社会的なしくみの構築等にかかわる提言をなしている。

(1) 個人のキャリア開発に生かす
(2) ボランティア活動に生かす
(3) 地域社会の発展に生かす

この答申は、基本的には九〇年の中教審答申「生涯学習の基盤整備について」の延長線上に位置づけられるべきものである。

果敢にも学習成果を個人と社会の様々な面にわたって活かし、動機や意欲の向上に結びつけようとしてはいるものの、自己評価や内発的動機づけとの関連について踏み込んだ言及がみられない点ではいささか勇み足の感がある。また、学歴偏重の風潮を批判する一方で、明治期以来続いてきたいわゆる「学校化社会」（schooled society）に歯止めを掛けるどころか、学校型の評価を中高年層にまで期待しかねない提言には疑問も残る。「キャリア」の範囲を「職業、職歴ばかりでなく社会的な活動歴を含む」ものと広く捉えてはいるものの、「多元的な評価」について十分な理解を図ることが先決であろう。

2　生涯学習社会の構築に向けた政策論――新世紀に拓く人びとの学び

二〇〇〇年の生涯学習審議会答申

生涯学習審議会は二〇〇〇（平成一二）年一一月、「新しい情報通信技術を活用した生涯学習の推進方策について――情報化で広がる生涯学習の展望」を答申した（九九年一一月諮問）。この答申は、これまでの関係答申等に示されてきた生涯学習振興方策について、とくに情報化への対応の観点から提言したものである。その趣旨は、新たな情報通信技術を活用した生涯学習施策の基本的方針とともに、当面推進すべき施策である。

同答申によれば、多様な情報機器を積極的に選択できるようになれば、一人ひとりの学習者がより主体的に学習に取り組み、効果的な学習スタイルを新たに開発できるようになる。学習者が学習資源を自ら検索することを通して、新たに学習資源となるコンテンツを作成することも期待される。このようにして新たな情報通信技術を活用し、学習の可能性を最大限に拡大する方策について具体的な提言を示しているのである。

二〇〇二年の中教審答申

二〇〇一（平成一三）年以降、生涯学習に関する政策方針については、生涯学習審議会に代えて中教審生涯学習分科会において審議されることになった。これは、同年一月の中央省庁再編に伴って文教関係の審議会も整理統合されたためである。

中教審は翌〇二年七月、「青少年の奉仕活動・体験活動の推進方策について」答申した（〇一年四月諮問）。この問題は、すでに教育改革国民会議で提起されたものであるが（二〇〇〇年一二月最終報告）、中教審においてもあらためて取りあげられた。

同答申は「奉仕活動」の範囲について、「自分の時間を提供し、対価を目的とせず自分を含め他人や地域、社会のために役立つ活動」と位置づけ、広義に捉えている。また初等中等段階では、成長段階に社会性や人間性を育むという体験のもつ教育面に着目し、社会、自然などにかかわる活動を広く「体験活動」とみなしている。このような奉仕活動や体験活動に日常的に取り組み、「個人が社会に参画し、相互に支えあうような社会を目指す」ために、同答申は次のような方策を提言している。

(1) 初等中等教育段階における奉仕活動・体験活動の推進
(2) 一八歳以上の個人が行う奉仕活動等の奨励・支援
(3) 国民の奉仕活動・体験活動を推進する社会的しくみの整備
(4) 奉仕活動等に対する社会的気運の醸成

二〇〇三年の中教審答申

二〇〇三(平成一五)年三月、中教審は「新しい時代にふさわしい教育基本法と教育振興基本計画の在り方について」答申した(〇一年一一月諮問)。いわゆる「愛国心」の取り扱いなどをめぐって論議を呼んだこの答申は、直接には二〇〇〇年の教育改革国民会議報告を受けて審議されたものであって、特設された基本問題部会における検討の成果である。

同答申は普遍的な教育理念を尊重しつつも、新たに盛り込むべき理念の一つに「生涯学習社会の実現」をあげ、その意義と視点について「時代や社会が大きく変化していく中で、国民の誰もが生涯のいつでも、どこでも、自由に学習機会を選択して学ぶことができ、その成果が適切に評価されるような社会を実現すること」や「これまで以上に学習する側に立った視点を重視すること」をあげている。

これをふまえて同答申は、生涯学習社会の実現について、次の各事項を提言した。

(1) 社会・経済の変化や個人の学習ニーズに柔軟に対応し、生涯を通じ必要な時に必要な学習ができる環境づくりを推進する。

(2) 生涯にわたる学習活動の成果の評価・認証体制を整備する。

(3) 生涯スポーツ社会の実現のために、住民が主体的に参画する地域のスポーツクラブの育成を促進し、それぞれの技術や体力に応じてスポーツに親しむことのできる環境を整える。

学校の基本的な役割と生涯学習との関連については、「教育を受ける者の発達段階に応じて、知・徳・体の調和のとれた教育や、豊かな感性をはぐくむ教育を行うとともに、生涯学習の理念の実現に寄与するという観点」から規定することを提言し、生涯学習の理念を含む広い役割を求めたものとなっている。

なお、審議の過程で「生涯にわたり学習する権利」を規定する提案があったことについてもふれられ、「生涯学習については、教育全体を貫く基本的な理念として位置付けることが適当」としてしりぞけたとしている。

これらの説明自体は、基本的には生涯学習をめぐるこれまでの議論を総括したものである。ところが、これを改正教育基本法（二〇〇六年一二月可決・成立）の構造全体からみたときには、社会の変化に対応しようとする面をことさら強調し、普遍的な教育理念、とくに人びとに均等の教育機会と一定の教育水準を保障する義務制公教育の理念の後退を相対的に際立たせかねないものとなっている。時代状況がどのように変化するにせよ、教育機会と水準の確保、多様な学習機会の提供、学習成果の多元的な評価の三要素がいずれも成り立って初めて生涯学習社会の実現が図られるべきものであろう。互いに相容れない要素であるかのようにみなすことがあるとすれば問題である。

二〇〇四年の中教審報告とこれまでの生涯学習振興策の総括

二〇〇四（平成一六）年三月、中教審は「今後の生涯学習の振興方策について」審議経過を報告した（〇三年七月審議開始）。これは、臨教審答申以来の生涯学習の進展状況を総括するとともに、今後の振興策の基本的方向を示そうとしたものである。

同報告によれば、生涯学習の振興は「関係者の努力により一定程度進展した」。しかし、現状においては次のような問題も残されている。

(1) 生涯学習が、あらゆる教育・学習活動の中で行われるものであることが、関係者等に浸透していない。

(2) 公民館、図書館等の関係機関の取り組みが現在の社会の要請に必ずしも適合していない。

(3) 生涯学習振興の基本的考え方が必ずしも明確に示されていない。

これらを解消するには、「人々が、生涯のいつでも、自由に学習機会を選択して学ぶことができ、その成果が適切に評価されるような『生涯学習社会』の実現」を目標に生涯学習の振興に取り組む必要がある。この場合の「生涯学習社会」とは、個人の需要と社会の要請の均衡が保たれており、生きがい・教養・人間的なつながりなどの「人間的価値」の追求と「職業的知識・技術」の習得の調和が図られており、なおかつ、これまでの優れた知識・技術や知恵を継承しつつ、それを活かし新たな創造をめざすことによって、「絶えざる発展」をめざす社会であるという。

このために今後重視すべき観点は、国民全体の人間力の向上、生涯学習における新しい「公共」の視点の重視、人の成長段階ごとの政策の重点化、国民一人ひとりの学習ニーズを活かし、広い視野に立った多様な学習の展開、情報通信技術（ＩＴ）の活用等にある。

この趣旨をふまえて同報告は、関係機関・団体等の活動の活性化のための当面の方策と、国・地方公共団体の役割について具体的に提言している。前者については、社会教育施設全般の方策、大学を含めた施設種ごとの方策、社会教育関係団体、NPO等の民間団体による活動支援を提案し、後者については、市町村、都道府県、国に分けて幅広く提示している。

二〇〇五年の諮問と今後の生涯学習振興策

中教審生涯学習分科会は二〇〇五（平成一七）年六月、「新しい時代を切り拓く生涯学習の振興方策について」、文部科学大臣から諮問を受けた。同諮問は、生涯学習に関する実態調査等を実施し、学習者のニーズ等に応じた具体的な支援策の検討を求めたものである。審議事項として、①国民の学習活動の促進のための方策、②家庭や地域社会の教育力の向上のための方策があげられ、それぞれに関する特別委員会を生涯学習分科会の下に設けて検討することとされた。

前者は、生涯学習をめぐる様々な課題をふまえ、人びとの「学習に対する意欲を高め、学習活動を促進する」ために、「国民の学習に対するニーズを把握しつつ、それらを踏まえた具体の支援策を一層充実すること」を求めている。後者は、「地域における人づくりや、住民一人ひとりが自ら進んで地域づくりに参画し、貢献していく社会的気運を醸成し、地域づくりへと結実させていくための方策」や「子どもの育ちの環境の改善のための方策」について検討することを課題としている。

生涯学習社会の構築に向けて

二〇〇四年の報告および翌〇五年の諮問に至り、生涯学習振興策に関する検討はようやく一定水準の内実を伴いつつある。いわば理念に基づいて方針を見定め、もっぱら総論を検討していた段階から、振興方策の各論と、その実現に際しての留意事項等の提起に重点が移されつつあるわけである。

二一世紀初頭における生涯学習論の特質をこの段階で明らかにするのはいささか早計にすぎるが、少なくとも二つの意義を指摘してよいであろう。その一は、生涯学習の位置づけが「教育体系の総合的再編成」のための主軸の一つにまで実質的に引き上げられつつある点である。生涯学習論の揺籃期には「淡い期待」にすぎなかった位置づけがようやく現実味を帯びつつある。

第二の意義は、第一の意義と不可分の関係において、生涯学習の理念や振興策が、教育や学習の理念および実践のあり方にかかわる本質的課題を捉える重要な切り口の一つに加えられつつある点である。「人々が、生涯のいつでも、自由に学習機会を選択して学ぶことができ、その成果が適切に評価される」社会のあり方は、社会の変化に応じてその要否や水準が安易に変化するべき類の理想ではあるまい。その点で、人びとの学びのあり方を検討する際に手掛かりとなる基本理念の一つとして、その時々の時代状況にかかわらず、生涯学習の考え方が想起されることが望まれる。

しかしながら、その政策論としての取り扱いには注意を要する点もある。その一つは、国家主義的傾向と総合行政化の懸念である。かつて第二次大戦後の地方教育行政改革は、中央集権から地方分権へ、官僚支配から素人支配へと進められた。ところが今や「生涯学習体系への移行」の美名のもと、国・都道府県・市町村の「連携」や首長部局主導による教育施策が進められようとしている。同列に論ずるべきか否かについてはなお検討を要するものの、戦前期の「内務省行政」が教育に何をもたらしたかをいま一度想起する必要があろう。

第二の注意点は、生涯学習論が能力主義的人材観に偏向するおそれである。確かに資源の乏しい諸国にとって、自由で活発な経済活動を促し、国際競争力を高めることはある程度避けられない共通な課題の一つではあろう。しかし、かつてデューイ（Dewey, J.）が指摘したように、人びとが学ぶ第一義的目的は、「生産物の経済的価値」を高めることよりもむしろ、人間としての「社会的な力と洞察力の発達」にある（『学校と社会』一八九九年。翻訳は宮原誠一訳、岩波文庫、一九五七年）。どのような人びとの学びの機会も最大限に尊重しつつ、「その成果が適正に評価される社会」、すなわち習得した知識、技能等を、内発的動機づけの側面も含めて適切に活かせる環境を整備することが重要である。

参考文献

朝倉征夫・佐々木貢編著『生涯学習――豊かな人生の実現』(修正版)、学芸図書、二〇〇四年、第Ⅳ章
井上慶次郎監修、山本恒夫・浅井経子編『生涯学習［答申］ハンドブック――目標・計画づくり、実践への活用』(生涯学習実践技法シリーズ)、文憲堂、二〇〇四年、第一～三章
佐々木正治編著『21世紀の生涯学習』福村出版、二〇〇〇年
社会教育推進全国協議会編『社会教育・生涯学習ハンドブック』(第七版)、エイデル研究所、二〇〇五年
生涯学習・社会教育行政研究会編『生涯学習・社会教育行政必携 平成一八年版』第一法規出版、二〇〇五年
鈴木眞理・松岡廣路編著『生涯学習と社会教育』(シリーズ生涯学習社会における社会教育 第一巻)、学文社、二〇〇三年、第四章
田原迫龍磨・仙波克也企画監修、有吉英樹・小池源吾編『生涯学習の基礎と展開』(六版、教職専門叢書10)、コレール社、二〇〇三年、第二章
日本生涯教育学会編『生涯学習事典』(増補版)、一九九二年
文部科学省編『文部科学白書 平成一三年度～一七年度』二〇〇一～二〇〇五年
文部科学省編著『文部省年報 第一二八年報 平成一二年度』二〇〇四年
文部省編『学制百二十年史』ぎょうせい、一九九二年、第三編第二章
文部省編『我が国の文教施策 平成一〇年度～一二年度』一九九八～二〇〇〇年
ラングラン著、波多野完治訳『生涯教育入門』全日本社会教育連合会、一九七一年、同第二部、一九七九年

参考ウェブサイト

青少年教育データブック二〇〇五（Ⅳ．主要答申・建議等） http://nyc.niye.go.jp/youth/book2003/html/04/

文部科学省「審議会情報」 http://www.mext.go.jp/b_menu/shingi/main_b5.htm

第4章　生涯学習のまちづくり施策の展開

1　生涯学習とまちづくり

まちづくりの定義

「まちづくり」とは何か。これには、決まった定義はないし、また一言で定義することも難しい。というのも、「まちづくり」のイメージは、その言葉を使う人の立場によって様々に変化するからである。日常的には、次のような使われ方がされる（福留強『生涯学習まちづくりの方法――市民が主役のまちづくりへのアプローチ』日常出版、二〇〇三年）。

(1)　地域の活性化――「まちづくり」は「地域の活性化」をめざす言葉である。とくに経済界においては、企業の誘致や商店街の活性化等、が目標とされる。

(2)　都市の形成――「まちづくり」とは「都市」をつくることである。例えば、都市計画、交通基盤づくり等が、これに含まれる。

(3)　コミュニティの形成――「まちづくり」は、都市における市民性を高めることをめざすものである。「地域づくり」、「地域の教育力の向上」等が、これに含まれる。

(4)　住みよい暮らし、文化的なまち――「まちづくり」は住みやすさをめざすものである。「地域のイメージアップ」、「福祉の向上」等が、これに含まれる。

また、現代用語を解説する『現代用語の基礎知識』の中では、二〇〇一年度版に初めて「まちづくり」の項が登場し、以下のような説明がなされている。

地域や地区の都市計画や活性化、あるいはしかけづくりなど広範な意味をもつとされている。「まちづくり」と同声語で、「町づくり」「街づくり」もあり、使用例には使い分けが微妙になされていると見ている。さらに、「街づくり」は、都市の市街地形成の意味、「町づくり」は、自治体による町の形成、「まちづくり」は行政・市民・専門家すべてが参加する広い意味で使われている。

このように「まちづくり」には「町づくり」や「街づくり」等、様々な表現が用いられるが、「まちづくり」というひら仮名表記にこだわった鈴木浩は、その理由を次のように述べている。

「まちづくり」をひら仮名で表現するのは、それなりの意味が込められている。それは物的な〝ものづくり〟だけでもなく、行政主導の事業だけでもなく、地域住民がそれぞれ豊かに生活し、地域での主人公になれるような〝ひとづくり〟、権力や経済力をもった一部の階層に偏らない地域政策のシステムやルールづくりなどを総合的に含んだ表現として「まちづくり」が用いられているのである（松野弘・森巖夫『講座・まちづくり開発入門』ぎょうせい、一九九二年）。

「生涯学習のまちづくり」の「まちづくり」が、なぜひら仮名表記なのか。その理由が、この記述から理解できるのではなかろうか。すなわち、「まちづくり」は、「ものづくり」だけでなく、「ひとづくり」という視点が強く意識された表現なのである。

人づくりと生涯学習

「まちづくりは人づくり」という言葉がある。これは、まちづくりの現場ではごく当たり前に使用されている言葉である。

この「まちづくりは人づくり」には、二つの考え方がある。一つは、「まちづくりの究極の目標は、よりよい市民を育てること」である。そこに住む市民一人ひとりが、いろいろな形で自らを成長させることができ、そして生活を豊かにしていくことができるような環境を構築していくこと、それがまちづくりの究極の目標なのである。

またもう一つは、「まちづくりには、リーダーの養成が、てっとり早く効果的」だということである。豊かなまちづくりを実現しているところには、必ずといってよいほどまちづくりのリーダーが存在している。彼らが生み出すばらしいアイデアが、まちづくりの原点となっているのである。それゆえ、効果的にまちづくりをすすめていこうとするならば、まずその核となるリーダーを育てることが近道なのである。

「まちづくりは人づくり」という表現は、こうした二つの意味で使われることが多いが、どちらの意味で使われようと、「人づくり」と「生涯学習」が密接にかかわっていることは明らかである。そもそも「生涯学習」は、「生活の向上」「職業上の能力の向上」「自己の充実」をめざして行われるものであり、それらのための学びを通して「人づくり」に寄与する営みなのである。「人づくり」は、市民一人ひとりの生涯学習が、十分にできる環境のなかでこそ可能だといえよう。

地域の活性化と生涯学習

一九九二（平成四）年七月の『今後の社会の動向に対応した生涯学習の振興方策について』のなかで、生涯学習審議会は、「生涯学習社会」を「人々が、生涯のいつでも、自由に学習機会を選択して学ぶことができ、その成果が社会において適切に評価されるような生涯学習社会」である、と定義した。この定義から理解される生涯学習社会の姿は、市民一人ひとりが生き生きと学ぶだけでなく、その成果を様々な形で生き生きと活かすことができる社会である。

これまでわれわれは、生涯学習を通じて、様々な知識や技術を身につけたとしても、なかなかそれを活かすことと結びつけることはなかった。この状態を、讃岐幸治は「知的便秘状態」だと表現する。息を吸うだけで、吐くことをせず、窒息寸前の状態にあるというのである（讃岐幸治・住岡英毅編著『生涯学習社会』ミネルヴァ書房、二〇〇一年）。しかし今、学習成果を何らかの形で活かそうとする人が増えてくるにつれ、そのことが生涯学習に新たな意味を与えるようになってきた。例えば、学習成果を活かすことは、以下の点で、個人にとっても、また地域や産業界にとっても意義あることが、指摘されている（生涯学習審議会報告『生涯学習の成果を生かすための方策について（生涯学習審議会審議の概要）』一九九七年）。

(1) 学習者の生きがいや生活の励みになり、自己実現につながる。また、学習成果を具体的に生かすことにより、学習意欲がよりいっそう高まる。

(2) 地域や社会の諸活動に積極的に関わっていくことは、人々の触れ合いや仲間づくりの機会を創出し、豊かな人間関係の形成や地域社会の活性化につながる。

(3) 新たに得た知識、技術を職業に生かしていくことは、学習者自身のキャリア向上のみならず、産業社会の発展にもつながる。

(4) 学歴のみならず多様な学習成果をキャリア向上に生かしていくことは、生涯学習社会構築の目的の一つである学歴偏重社会の弊害の是正につながる。

これらのうち、生涯学習と地域の活性化との関係について、次のような事例を紹介してみよう。

私がかつて住んでいた団地において共通に学び合ったことにより、その近隣の人間関係がすばらしいものになっていったという思い出がある。大都市の住宅団地に住む人びとは、おおむね職場と家の往復のみで夜だけ居住するという、まさにベッドタウン化している。そこでは、近所の人びととの交際も少なく、いわゆる人間関係は例外なく希薄である。

ある時、近所の一人の主婦が、公民館で学んできたネクタイづくりを隣り近所に教えたのである。自らの技術を確かめ向上させるだけでなく、相手にも心を込めて伝えたのである。その結果、教える側と教わる側の人間関係が非常に深まり、以後、学び合い、助け合うという関係ができあがっていったのである（福留強「学習コミュニティの構築とまちづくり」『田園都市』第二五号、一九八八年）。

これは、学びを一人のものだけにするのではなく、その成果を積極的に活かし、他者と学び合った結果が、コミュニティの形成につながった一つの例である。この事例を紹介した福留強は、「本来、一つの情報を共有する人間関係は、相互に信頼し、親密になり、理解し合うようになるという副次的な成果が期待される」と述べている。つまり、単なる交流ではなく、住民が共通のテーマを学び合うことは、人と人との距離感を縮め、これまで希薄であった地域の人間関係を濃密なものにしていく契機となるということである。

一般に「地域の活性化」というと、観光客が多く訪れたり、商店街がにぎわったりする状況をイメージすることが多い。しかしそれだけではなく、地域が活性化している状況とは、市民一人ひとりが、豊かな人間関係の中で生き生きと生活していることだと考えたい。生涯学習を通じての、学びの輪と活かしの輪の広がりは、やがては地域を、活気に満ちたものにしていくに違いない。

2　生涯学習のまちづくりの二つの意味

「生涯学習のためのまちづくり」と「生涯学習によるまちづくり」

「生涯学習のまちづくり」は、一九八七（昭和六二）年の臨時教育審議会（以下、臨教審）『教育改革に関する第三次答申』のなかで、初めて行政レベルの課題として打ち出された。この答申では、「生涯学習社会にふさわしいまちづくりは次のような視点をふまえつつ進めることが必要」だとして、以下の六点をあげている。すなわち、⑴地域の人びとが充実した生活をめざして、多様な活動を主体的に行えるような学習の場の整備、⑵情報化、国際化、成熟化、高齢化などの時代の変化に対応した生涯学習プログラムの開発整備、⑶趣味等を活かした自発的学習活動が、社会生活の中で活かされるような環境の整備、⑷教育・学習活動のいっそうの活性化を促すため、民間施設を含め、教育・研究・文化・スポーツ施設の相互利用を促進するとともに、各分野の人材の有効活用を図る、⑸快適な空間やゆとりの時間の確保、人びとの多様な学習活動を支える社会生活基盤の整備を図る、そして⑹生涯学習の多様なまちづくりをすすめるため、生涯学習に取り組む市区町村の中から、特色あるものをモデル地域に指定する、である。

この臨教審の答申以後、文部省（現文部科学省）は、積極的に「生涯学習のまちづくり」をすすめていくことになる。その際、当時の「生涯学習のまちづくり」は、人びとが「いつでも、どこでも」学習ができるような学習環境を整備することに重点がおかれた考え方として理解されていた。

しかし、一九九九（平成一一）年になると、この「生涯学習のまちづくり」に、新たな考え方が付与されることになる。同年に出された生涯学習審議会答申『学習の成果を幅広く生かす――生涯学習の成果を生かすための方策について』では、臨教審のいう「生涯学習のまちづくり」の趣旨は、「行政の各部局が連携しながら、まち全体で生涯学習に取り組む体制を整備していこうという『生涯学習のためのまちづくり』というものであった」とし、これからの「生涯学習のまちづくり」は「『生涯学習のためのまちづくり』から『生涯学習によるまちづくり』への意識の転換が必要」であると述べたのである。

二つの意味のちがい

では、この二つの意味にはどのようなちがいがあるのであろうか。一言でいうならば、「生涯学習のためのまちづくり」は、生涯学習を「目的」として、「生涯学習によるまちづくり」は生涯学習を「手段」として捉えているということである。すなわち、上述したように、「生涯学習のためのまちづくり」が、生涯学習が実践できる学習基盤を整備することであるのに対して、「生涯学習によるまちづくり」は、生涯学習審議会が『学習の成果を幅広く生かす――生涯学習の成果を生かすための方策について』の中で、「生涯学習の振興、特に学習の成果を地域社会に生かすことを促進することが、地域社会に活力を取り戻す上で、大きな役割を果たす」としているように、生涯学習の成果を活かしたまちづくりをすすめることを意味しているのである。

ただ、よりよいまちづくりのためには、この二つの意味を、AかBか、という二者択一の問題として捉えるのではなく、両方の視点をバランスよく含めていくことが必要である。「生涯学習のまちづくり」とは、「生涯学習を盛んにするための環境整備を行うとともに、その学習成果を積極的に生かして、地域の活性化を図ること」だと理解すべきであろう。

3　生涯学習のまちづくりの展開

国による「生涯学習のまちづくり」支援

文部省は「生涯学習のまちづくり」をすすめるために、一九八八（昭和六三）年より「生涯学習モデル市町村事業」を開始した。

モデルに指定された市町村は、まち全体で生涯学習が推進できるよう「生涯学習のまちづくり推進本部」を設置し、また、「学社連携」「学習情報提供・相談」「ボランティア」「学習プログラムの開発・実践」「地域ぐるみの社会参加活動の実施」等、一〇事業の中から二つ以上を選択して事業を行うことになった。事業が終了した一九九七（平成九）年までに、モデルに指定された市町村は約一〇〇〇にも及び、その中から注目すべき事業も数多く生まれた。

その後、文部科学省は、二〇〇二（平成一四）年より、国公私立の大学等およびNPO等との連携によるまちづくりに向けた市町村の事業を支援するために、「生涯学習まちづくりモデル支援事業」を行った。

これは実行委員会が、まちづくり事業を実施する際の基本理念（目的）、市町村と高等教育機関との組織的な連携のあり方、連携による具体的な事業、活動の内容等を盛り込んだ「まちづくり事業推進計画」を策定し、その計画に基づいて、計画推進のための情報提供・広報、学習グループ・団体への支援・指導者の研修、住民の学習活動支援、まちづくりフェスティバルの開催、その他のまちづくり事業を行うものである。二〇〇二（平成一四）年には八〇件の応募があり、三一件が採択された。

二〇〇四（平成一六）年度には、「順天堂大学と地域住民の協働による健康創造都市づくり」「彦根の歴史的景観をいかしたまちづくり」「農山村における生涯学習を通じた風景の発見による景観まちづくりの取り組み」等の事業が行われている。このうち「農山村における生涯学習を通じた風景の発見による景観まちづくりの取り組み」では、「小国町の地域資源である農村景観を地域住民自身で再認識し、美しいむらづくりへの意識を高めること」を目的として、熊本大学と小国町、財団法人学びやの里等との連携により、ワークショップや公開講座等が行われた。この取り組みは、住民が「小国の風景」に関心をもつきっかけを与え、今後のまちづくりの大きな足掛かりになったという。

地域における生涯学習のまちづくり

a　生涯学習のまちづくりの取り組み状況

全国の地方中小都市における生涯学習と参加型まちづくりに関して調査したものに、「生涯学習の推進による住民主体のまちづくりに向けて——地方都市再生のための人材基盤等地域力整備のための調査研究報告書」（平成一六年、文部科学省委託研究、日本システム開発研究所）がある。以下では、この調査結果をもとに、「生涯学習のまちづくり」の取り組み状況をみてみたい。

まず、人びとが生涯学習の成果を活かして社会参加をすることを促進する取り組みである。調査の結果、取り組みとしては「人材登録制度（人材バンク）」の創設がもっとも多く、約六割で取り組まれていた。次いで「学習希望者への講師としての派遣」や「活動の場の紹介・あっせん」が続いていた。

次に、まちづくり関連講座の実施状況をみてみる。「地域学・地元学などのまちづくり関連基礎講座」については約四割の、「ボランティアの育成・養成講座」については約三割の教育委員会で実施されている。とくに、地域の歴史を学ぶ講座は、多くの市町村教育委員会で実施されていた。一方、「まちづくりのノウハウに関する専門講座」や「まちづくりリーダーの育成・養成講座」を実施している教育委員会は一割に満たない。住民が、まちづくりに主体的に参画するための直接的な能力や技術を獲得する講座はまだほとんど実施されていないようである。

住民の社会参加事業の実施状況および住民主体のまちづくりに関する活動の有無については、教育委員会では半数近くで取り組まれていたが、市町村部局で「ある」と回答していたところは二二・七％にとどまっていた。事業内容としては、教育委員会では「地域のアイデンティティ醸成のための事業」や「人的ネットワーク形成のための事業」が多く、具体的には、「生涯学習フェスティバル」や「生涯学習リーダーバンク制度」等が実施されていた。一方、市町村部局では、「特定の課題解決を目的とした事業」が多く、福祉や環境、防災等、に関する事業が実施されていた。

b　市民の学びを活かすまちづくり

(1)　愛知県半田市「人にやさしいまちづくりワークショップ」

「人にやさしいまちづくりワークショップ」は、一九九九（平成一一）年に策定された「人にやさしいまちづくり基本計画」を契機に開始された。これは、子どもからお年寄りまで、すべての人が安心して暮らせるまちづくりの実現に向けて、今、自分たちに何ができるのかをみんなで考えようというものである。講座は、①講演会およびワークショップPR、②過去の講座の取組例紹介とグループ分け、③まち歩き、④マップづくり、⑤意見交換、⑥まとめ・交流会、の六回で構成されている。「バリアフリーのまちづくり」がおもなテーマであるが、最近は、環境・子育て・防災などのテーマにも取り組んでいる。また、ワークッショップ終了後は、その内容をまとめた提言書が毎年作成されている。

二〇〇〇（平成一二）年度以降、毎年一カ所のペースでワークショップが開催されてきたが、その中で市民の意識も少しずつ変わってきたという。すなわち、開催当時は行政に対して批判的な意見を述べる市民が多かったのだが、そうした意見は年々少なくなり、逆に行政に対して要望するだけでなく、自分たちが主体となって活動していこうという意識が強くなってきたのである。

二〇〇二（平成一四）年には日本福祉大学の協力を得ながら、「人にやさしいまちづくりワークショップ」の参加者を中心に「人まちクラブはんだ」が組織された。具体的な活動としては、「人にやさしいまちづくり通信」という冊子の発行や、生涯学習課との連携による、子どもたちとの交流活動が行われており、また、子どもへのアンケート調査等にも取り組んでいる。

(2)　静岡県掛川市「とはなにか学舎」

静岡県掛川市には、「とはなにか学舎」がある。これは、掛川市内に点在する「掛川三六景」（市内三六カ所の名所・名園・名物等）を学習の素材とし、それらすべてを実際に訪ね、その素材を体系的に学ぶことを通して、掛川を愛する人材を育てることを目的としている。市民が自分のふるさとをよく知り、全国的・国際的に誇りとするものを創造し、育成していくことが重要という考えが、ここにはある。

受講期間は二年間であり、一年目は、「講義」「演習」「学びのバス」の三種類をそれぞれ月一回受講することになる。「講義」と「演習」では、掛川三六景に関する市民、行政関係者、県内外の大学教授や研究者を講師として招き、地域づくり、人づくりについて学ぶ。一方、「学びのバス」では、掛川三六景をバスで実際に訪ね、担当者から直接説明を受けることになる。そして二年目は、「ホームルーム」と「グループワーク」の二種類をそれぞれ月一回受講する。「グループワーク」で受講生は、三つのグループ（ゼミ）に分かれ、一年目の学習で発見したこれからの掛川や自分への課題について、担当講師とともに一年間専門的に学習することになる。

「とはなにか学舎」の卒業生は、現在二〇〇人を超えており、そのうち約一割がまちづくりのリーダー的存在となっている。また、「とはなにか学舎」卒業生の大半が「とはなにか学士会」に入っており、つるし飾り教室や、歴史的な史跡の現地視察による調査・取材など様々なサークル活動を実施するとともに、教育委員や社会教育委員などにも採用されている。

(3)　青森県八戸市「協働のまちづくり」

青森県八戸市のまちづくりの基本理念は、市民と行政の「協働のまちづくり」である。八戸市では、「協働のまちづくり」を進めるために、市民会議を組織し、「協働のまちづくり基本条例」「地域コミュニティ振興指針」「市民活動（ＮＰＯ）促進指針」の策定を進めてきた。このまちづくりの中核に位置しているのは、公民館とそこに集う市民である。

中学校学区ごとに設置された公民館では、趣味のグループ活動のほかにも、交通安全や安全・安心を確保するためのボランティア活動等、多種多様な市民活動が展開されている。とくに最近の事業の特徴としては、地域課題に対する取り組みが増えていることがあげられる。ある公民館では、子どもたちを巻き込みながら、「声かけ運動」や一人暮らしの高齢者への弁当配達のボランティアを行っている。子どもと大人が協働することで、子どもたちの安全・安心を確保しようというのが、これらの活動のねらいである。また、子どもたちと高齢者・母親が町をいっしょに歩き、新しい町を発見する「街角ウォッチング」も行われている。子どもたちは危険な場所をよく知っている。この「街角ウォッチング」の成果として、そうした子どもたちの意見を取り入れた「安全マップ」が作成されている。

八戸市では、まちづくりを進めるリーダーの育成にも努めている。「はちのへ女性まちづくり塾生の会」も、行政が主催した「男女共同参画推進事業」における市民講座から誕生した市民活動グループである。この会は、講座が終了した後も「もう少し勉強したい」「行政に何かを提案できるような活動をしてみたい」という受講生の思いから生まれた。活動拠点としては、中心市街地の空き店舗が利用され、そこには会員だけでなく行政関係者も出入りをしている。

「塾生の会」の会員は現在、市の審議会のメンバーとして、あるいはボランティアとして、様々な活動に取り組んでいる。二〇〇三（平成一五）年には、「八戸市男女共同参画事業」を市より委託された。「塾生の会」の会員は、ほとんどが普通の主婦であったが、企画から運営、報告書の作成まで、すべての作業を自分たちの力だけで行った。彼女らは、そうした活動を通じて多くのことを学び、そして自ら実践する力を身につけていっている。

(4)　山形県天童市「地域づくり委員会」

山形県天童市の生涯学習まちづくりの特色の一つに、「地域づくり委員会」がある。これは市内の九つの地域で、地区ごとに計画を立て、学び、実践するしくみである。

各地域の「地域づくり委員会」は、地区ごとに区長会、運営審議会委員、事業主、農業委員等で構成され、地区のあらゆる分野の人びとの意見がここで集約されることになる。そして、住民自身が自分たちの住んでいる地域の課題について検討し、それらを解決するためにはどうしたらよいのかについての独自の調査・研究を行い、実践していくのである。活動の内容としては、健康、観光、産業の振興、環境美化、住民の学習活動等、幅広く取りあげられている。

例えば一つの事業として「子供写真コンクール作品集」がある。これは、子どもの目から、地域で自慢できるものや地域で好きな場所（美しい風景など）等を見つけることで、子どもたちに地域を知ってもらうとともに、大人も改ためて地域を見直し、今後の地域づくり活動に活かしていこう、というねらいで行われたものである。

天童市には、こうした地域づくり委員会を支援する組織として、「地域づくり推進行政会議」という組織がある。これは市民の学習グループに対して、職員を講師として派遣するしくみであり、かなりの効果をあげている。

参考文献

岡本包治・池田秀男・伊藤俊夫編著『生涯学習推進計画』第一法規出版、一九九五年
織田直文『臨地まちづくり学』サンライズ出版、二〇〇五年
『現代用語の基礎知識 二〇〇一』自由国民社、二〇〇一年
讃岐幸治・住岡英毅編著『生涯学習社会』ミネルヴァ書房、二〇〇一年
福留　強『まちづくりボランティア――生涯学習社会の地域アニメーター――』ブックハウスジャパン、二〇〇一年
福留　強『市民が主役のまちづくり――生涯学習で人が元気　まちが元気』全日本社会教育連合会、二〇〇二年
福留　強『生涯学習まちづくりの方法――市民が主役のまちづくりへのアプローチ』日常出版、二〇〇二年
松野　弘・森　巌夫『講座・まちづくり開発入門』ぎょうせい、一九九二年

第5章　生涯学習の推進と計画

1　生涯学習推進のための事業と計画

生涯学習事業と計画

生涯学習推進と計画を論じるにあたり、事業と計画について確認しておきたい。事業とは「①社会的な大きな仕事。②一定の目的と計画とに基づいて経営する経済的活動。」（『広辞苑　第五版』）とあり、経済や経営の視点をも包含しつつ、所期の目的を達成するために計画を練り、その実現をめざす行為であるといえよう。計画とは「物事を行うに当たって、方法・手順などを考え企てること。また、その企ての内容。もくろみ。はかりごと。企て。プラン。」とある。ここでは生涯学習の推進によって、住民一人ひとりが豊かで健康で文化的な生活が送れるよう、また地域社会が安心で住みよい場所になるよう、そのプロセスを構想することと考える。

行政による生涯学習推進計画の策定

生涯学習推進のための計画は、生涯学習行政が責任をもって策定することはもとより、民間教育文化産業や社会教育関係団体、ＮＰＯ等の市民活動団体によっても計画される。理念的には、生涯にわたり学習を継続するための基礎学力を身につける学校教育もその範疇に入るが、制度の確立により改編が困難であるため、本章では現状に即し生涯学習の文脈における学校教育と社会教育の連携および融合事業を想定する程度にとどめる。

さて、学習の主体が住民自身であることは自明であるが、計画策定の主体をどう考えればよいのであろうか。改正教育基本法第十二条および社会教育法第三条には「国及び地方公共団体は、…すべての国民があらゆる機会、あらゆる場所を利用して、自ら実際生活に即する文化的教養を高め得るような環境を醸成するように努めなければならない」とあり、法律上、国および地方公共団体が社会教育の計画に責任をもつことが明記されている。また地方自治法第二条第五項には「都道府県・市町村は地域における総合的かつ計画的な行政の運営を図るための基本構想を定めること」によって行政が計画の策定主体となることが規定されている。これらは生涯学習推進のための計画にも適用されるとみてよかろう。

一九九〇（平成二）年に制定された「生涯学習の振興のための施策の推進体制等の整備に関する法律」（通称「生涯学習振興法」）の第五条においても都道府県の「地域における住民の生涯学習の振興に資するため、社会教育に係る学習（体育に係るものを含む。）及び文化活動その他の生涯学習に資する諸活動の多様な機会の総合的な提供を民間事業者の能力を活用しつつ行うことに関する基本的な構想を作成することができる」と定めている。

行政のスタンスは、限られた財源を住民のニーズや課題に即して有効活用するために、意思決定していくことにあろう。もちろん、行政が独善的に計画するのではなく、住民の意思を反映させたそれでなくてはならない。

生涯学習推進における公共の視点

学習とは個人の興味関心に基づき、自由と自主性をその原則とするが、生涯学習がまったく個人的な営みであるならば、行政の策定する計画は不要であろう。しかし、学習活動の結果、地域課題の解決へと関心が向かったり、地域社会への活動参加が促進されたり、まちづくりへの関与につながったりする状況をみると、すぐれて社会的営為であるともいえる。生涯学習の推進は、個人の成長発達を支援するとともに、学習成果を活かした社会参加活動につなぎ、社会貢献意識と自己肯定感や社会的有用性をも導き出すことになる。

二〇〇四（平成一六）年に中央教育審議会生涯学習分科会の審議経過が報告され、「社会を形成する自立した個人の育成」が生涯学習振興の課題であるとし、人びとが「新しい公共」づくりの主体となることが必要との認識が示された。新しい公共とは「これまでの、ともすれば行政に依存しがちな発想を転換し、個人やＮＰＯ等の団体が社会の形成に主体的に参画し、互いに支え合い、協力し合うという互恵の精神に基づく」社会の基盤であるとしている。『行政が主導して住民に学びの機会を提供する』ということよりも、個人が主体となって社会に働きかけていくということが重要になってきている」との方向性を打ち出したことは、計画策定のあり方にも影響を及ぼしている。

計画策定への住民の参画

計画策定への住民の参画という視点でみれば、通常、策定委員には各種団体から推薦を受けて選ばれた者、学識経験者等の専門家、最近では一般公募により選ばれた者等により構成され、それを所掌する事務局が加わる。近年、原案が作成された段階で行政のホームページを利用して、住民にパブリック・コメントを求めるケースも増えてきている。このように多種多様な形で、住民参画の計画づくりが実施されつつある。

生涯学習事業の計画についても同様のことがいえる。事業計画の場合、参加主体となり得る住民・学習者が企画に参加することが望まれよう。あるいは時代的に、ＮＰＯ等との協働事業の展開も有効な方法である。いずれにしても、行政と住民・学習者、行政とＮＰＯ等の間に上下関係はなく、対等な立場で共同企画と実施・運営をする必要がある。その経験と事業評価は両者にとって貴重な財産となることが期待される。

2　生涯学習推進計画の構造

生涯学習推進計画の基本

一般的な理解として、生涯学習推進計画は社会計画の一部を構成する下位計画であり、全体から見れば各論である。国レベルで考えれば、全国総合開発計画が最上位に位置し、社会資本の公正かつ計画的配分を原理として閣議によりそれは決定される。この国家計画のマスタープランのもと、各省庁の計画が並び、生涯学習推進計画は本来的に教育計画の最上位に位置すべきものである。学校教育、社会教育、家庭教育という従来の教育の枠組みと、その他の生涯学習支援にかかわる行政ならびに民間の教育諸活動の総合的な計画を包含するはずの生涯学習推進計画ではあるが、現実には学校教育中心で動いてきた教育行政の歴史を背景に、理念通りにはいっていない。

全体・長期計画
↑
生涯学習推進基本構想（マスタープラン）
生涯学習推進基本計画（5-10年）
生涯学習推進中期計画（3－5年）
生涯学習推進年間計画
個別事業計画
↓
個別・短期計画

図5－1　生涯学習推進計画の構造

　生涯学習推進計画の構造は、一〇年超のスパンで立案される基本構想、五－一〇年程度の長期計画、三－五年程度の中期計画、それに単年度計画や個々の事業計画、という重層構造になっている（図5－1参照）。社会変化のスパンが短期化するなかで、五年程度の計画および見直しが一般化しつつあるようだ。関連する計画を階層化する利点は相互にチェック機能が働くことにあり、計画における目標設定は計画の評価基準を示すことでもある。この構造は自治体レベルでもほぼ同様であり、総合振興計画の下位に総合教育計画があり、それと並ぶかあるいはその下位に生涯学習推進計画が位置づけられている。

生涯学習推進計画の課題

地方自治法では国、都道府県、市町村の関係は対等であり、地方分権や規制緩和等の促進などが謳われているものの、長い間中央集権に寄り掛かっていた自治体にとって、税源や財政基盤が未だ国に残存することも手伝い、国－都道府県－市町村というラインから自由ではない。計画にも実際は縦割りの守備範囲のなかで、各省庁の計画にならい都道府県の計画が策定され、さらに市町村へと降りてきた実態もある。また、臨時教育審議会・中央教育審議会・社会教育審議会・生涯学習審議会等の答申を受け、具体的計画が策定されてきた場合も少なからずある。教育や学習の考え方については、普遍性や時代性を含むため、全国的な視野で物事を計画することも一面的には可能である。それは国是としての政策を市町村にまで浸透させるには絶大な効力を発揮してきたことも事実である。しかし、本来、自治体の主体性や独自性を発揮するには、従来型の縦関係は望ましくなく、その特性に鑑みた個性的な生涯学習推進計画の策定が今こそ求められるのである。

自治体における生涯学習推進計画策定の経緯をみると、一九八八（昭和六三）年から一九九八（平成一〇）年まで文部省（現文部科学省）の補助事業として行われた「生涯学習モデル市町村事業」を利用し、全国の自治体で生涯学習推進構想や推進計画が策定された。そこでは生涯学習を全庁的に推進するために、首長をトップとする生涯学習推進本部や推進協議会が設置された。そこで策定された生涯学習推進計画は、当初、人びとのライフサイクルに着目し、ライフステージごとの諸課題への対応という観点から学習課題を設定するところが多かった。しかし、それでは網羅的かつ総花的な課題となってしまい当該自治体の個性が表出しにくいこともあり、総合振興計画を生涯学習の視点で描き直すところが現れてきた。もちろん、本部長である首長の判断があることやまちづくりの一貫性が保てることで、財政当局への説明原理が明快となることも要因の一つであろう。いずれにしても、計画のねらいと方向性によって、その性格と位置づけが変わってくる。

3　生涯学習推進計画をめぐる動き

社会教育法の改正とそのインパクト

社会の変化を受けて、二〇〇一（平成一三）年に社会教育法が改正された。生涯学習推進計画に影響を及ぼしそうな改正点は、第三条で「社会教育が学校教育及び家庭教育との密接な関連性を有することにかんがみ、学校教育との連携の確保に努めるとともに、家庭教育の向上に資することとなるよう必要な配慮をするものとする」という項が加えられた点と、第五条一二項に「青少年に対しボランティア活動など社会奉仕体験活動、自然体験活動その他の体験活動の機会を提供する事業の実施及びその奨励に関すること」を盛り込んだ点であろう。

社会教育法の中に在学青少年および家庭教育の支援を特段に強調するに至った背景には次の二点が考えられよう。フォーマルには学校週五日制の完全実施と『学習指導要領』の改訂による「総合的な学習の時間」の導入が社会教育への期待として表現されたことである。休日の青少年を地域社会や社会教育が受け皿をつくって対応することについては否定的な見解も現場には依然根強いが、かといって放置していて事態が改善に向かうはずはない。首長部局との緊密な連携によって具体的な支援方策を練らなければならない。

もう一つは、青少年をとりまく社会環境の悪化、加害者あるいは被害者として青少年が犠牲となる事件の増加、虐待等家庭での子育てをめぐる問題、などの社会的要因である。虐待等は私事性を原則とする家庭教育のなかで、ときに「しつけ」という言葉でその事実が隠蔽されることからも表面化しにくく、かつ踏み込みづらい領域である。いずれにしても、青少年と家庭教育が盛り込まれた以上、地方自治体としては軽視することはできず、今後の生涯学習推進計画の立案に大きな影響を与えそうである。

教育振興基本計画の提起とそのインパクト

中央教育審議会は二〇〇三（平成一五）年に「新しい時代にふさわしい教育基本法と教育振興基本計画の在り方について」を答申した。答申では教育基本法改訂の考え方や方針、観点が示されているが、その是非については本章の守備範囲を超えるため、教育振興基本計画とその周辺についてのみ言及を試みる。そこには「教育基本法に示された理念や原則を具体化していくためには、これからの教育に必要な施策を総合的、体系的に取りまとめる教育振興基本計画を策定し、政府全体で着実に実行することが重要であり、そのための法的根拠を明確にする。」と表記されている。これに従って改訂された場合、「生涯学習振興法」と同様に地方自治体に多大な影響が予想される。

中教審でいう教育振興基本計画は、おおむね五年を想定している。「科学技術の進展や、社会や時代の変化」に合わせ、「従来の教育関係の個別の計画」との整合性に配慮する形をとっている。「計画期間内に定期的に政策評価を実施し、その結果を踏まえ必要に応じ見直しを行う」ことは重要な視点であるが、「施策目標のうち可能なものについてはできる限り数値化」することが盛り込まれている。これは「国民に対する説明責任」であり、「評価結果の積極的な公開」が政府としての義務であるとする。原理的にはすべて正しいわけだが、五年というスパンの中で、教育の効果が数値としてはじき出される分野がどれほどあるか、ということが問われるべきであろう。

a　教育評価と数値目標

例えば、情報リテラシーを高めるために全学校にインターネット環境の整備された情報ルームを設置する、とか、外国語コミュニケーション能力を高めるために一五クラスに一人の割合で外国人語学指導助手（ALT：Assistant Language Teacher）を配置する、といった場合、双方とも後半の部分は数値化に相応しい内容であるが、その達成度をもって「目標に到達したか」かどうかを正確に測定することはできない。国が策定する教育振興基本計画は、教育環境の整備方針や基本的視座から導き出される目標であり、具体的な数値が示されたとしても財政的な裏付けさえあれば実現可能な領域であろう。しかし、市町村の教育現場では目標に対するより具体的な成果や結果が要求されることは想像に難くない。前述の例を当てるならば、「住民の四〇％の人がインターネットから学習情報を得ている」とか「一五％の人がＴＯＥＩＣの受験者である」などの数値目標の設定でもしなければ、その成果判定の精度は高められないことになる。

翻って、費用対効果を測定するやり方は、商品開発や利潤追求のコスト管理の方法であり、客観的な指標だからといって教育評価に転換してしまうと、数値に置換困難な領域は置き去りにされるおそれがある。そもそも教育には測定困難な領域が多く、「誰が誰を評価するのか」、「本当に適正で客観的な評価はあるのか」など、とりわけ人の意識変容や行動変容については多くの課題を残したままである。また、数値化された評価結果は背景から切り離され、操作的な解釈が入り込み、恣意的な利用の危険性が増すことが予想される。数値は時としてひとり歩きしてしまう。教育の経済への隷属が取りざたされる場合があるが、その背後には、すべての活動が数値化できたり、貨幣価値に換算できるという、有無をいわせぬ暴力的な経済世界がある。計画と評価は表裏一体であるため、明確な評価基準の確立は急務であるが、この経済社会に潜む隠れたカリキュラム（hidden culiculum）に翻弄されない教育評価の開発が重要な視点である。

ｂ　評価の視点を取り入れた計画

計画は絶えず評価しながらその達成度を分析し、見直し、修正する必要があることは先述の通りであるが、実際には計画策定の段階であまり意識されておらず、計画のための計画となっている場合が多いようである。そこで、評価の視点を盛り込んだ計画づくりの基本的な考え方をここに提示したい。図５‐２は筆者が「生涯学習事業の計画と評価」という主旨の自治体が主催する研修で使用しているワークシートを簡略化し、示したものである。

計画は本来、目標達成のために策定されており、計画から導かれる事業実施が目的でもないし、ましてや計画策定

事業内容・領域					
事業名等	初年度	2年度	3年度	4年度	5年度
〈実施後評価　⬆　⬆　修正・見直し〉					
年度別到達目標（評価の観点）					
〈反　映　⬆　⬆　目標設定・事業設定〉					
5年後の地域像					

図5－2　中期目標および評価を意識した計画

そのものが目的でもない。これらは目標達成のためのあくまでも手段に過ぎない。このシートでいえば、五年後の地域像が現実のものとなるように年度ごとの到達目標を掲げ、進捗状況を測ろうとするものである。目標は数値目標にとらわれることなく、多様な観点から設定すべきであり、きめ細やかな項目が必要となる。それを実現するために効果的な事業を複数年度かけて実施し、定着を図りつつ、発展的な事業を重ね合わせることで事業の構造化をめざすのである。

以上のような考え方に立てば、標準化された評価に翻弄されることなく、地域特性や独自性、個別性を活かし、具体性をも兼ね備えた中期計画となるはずである。

4　生涯学習推進計画と民間活力

生涯学習における官と民

生涯学習振興法は民間事業者を強く意識した法律であったが、個人や地域への学習機会提供に果たす民間の役割は高度情報社会の進展と相まって拡大傾向にある。また、民間といっても営利を目的としない市民活動団体の動向も一九九八（平成一〇）年の「特定非営利活動促進法」（通称ＮＰＯ法）の成立以降、活発化している。民間といっても、営利企業から、非営利の事業者、非営利の市民活動団体まで様々であるため、本章では公共性の高い計画を想定している関係上、便宜的に非営利団体を指して民間と呼ぶことを断っておく。加えて、法人と断っていないＮＰＯとはボランティア団体等も含む広義の市民活動団体の総称として使用する。

後述の指定管理者制度の発効により、民間との協働体制が行政の重要課題として論じられるようになってきた。これまで行政セクターで管理運営してきた部門を民間に委託し、将来的には完全な民間セクターへと移行することが企図されている。現行では、委託契約の性格上、管理運営の最終責任は行政に残るという一定の制約があるものの、民間の発想により柔軟な管理運営方式が可能となり、住民ニーズにマッチした事業が展開され、かつ事業費や人件費も抑制され、トータルで住民サービスの向上が図られる、というシナリオである。

この動向は行財政改革と軌を一にしており、「民間にできることは民間に任せる」という発想をその根幹としつつも、最終的には行政のスリム化をめざしている。二〇〇三（平成一五）年九月に施行された地方自治法第二四四条二項によって、指定管理者（法人その他の団体であって当該普通地方公共団体が指定するもの）によっても公的施設の管理ができるようになったことがそれに拍車をかけている。現在多くの自治体で民間への業務委託が実行に移されつつあるが、施設管理のみの委託を除いては手探りの状態のようである。委託業務が民間の設立目的に合致していれば事業の拡大による質の向上も見込めようが、委託契約関係における行政のミッションの受け皿として機能している場合、行政と当該団体、当該団体とその所属員との間で軋轢が生じることが予想される。そう考えると、行政と民間との協働関係が軌道に乗るには、いましばらく試行の期間を要するであろうし、行政サービスの受益者であるとともに提供者にもなり得る市民の成熟が待たれるところである。

生涯学習を活性化するＮＰＯの役割

二〇〇一（平成一三）年の国民生活審議会総合企画部会最終報告を見ると、ＮＰＯといっても互助的な組織を含む最広義のものから、特定非営利活動法人（ＮＰＯ法人）のみを含む最狭義のものまで幅広い。生涯学習の活性化と住民参加の視点からいえば、ＮＰＯ法人に加え、市民活動団体やボランティア団体、地縁団体等が含まれる狭義のＮＰＯが妥当だと考える。

まず、ＮＰＯ法人であるが、ＮＰＯ法の成立以降増加し続け、二〇〇六（平成一八）年一二月末までに約二万九九〇〇のＮＰＯ法人が認証され、各地で活動を展開している。解散数が一〇一三団体と全認証数の約三・四％を占めているところが気になるところであるが、もう少し推移を見守りたい。法人格をもたない市民活動団体がこの何倍も、何十倍も存在することを想像すると市民活動の急速な広がりが実感できる。行政と市民活動との関係は、緊張・対立関係から、多様な市民活動の普及・支援の関係へ、さらに協働の関係へと発展しているかのようである。

ＮＰＯ法人の活動分野を見ると、「保健・医療又は福祉の増進を図る活動」が五八・〇％、「社会教育の推進を図る活動」が四六・三％、「まちづくりの推進を図る活動」が四〇・三％と上位を占めており（複数回答）、それ以外の活動分野を併せても、生涯学習で推進している領域と重なっているか、近接している。おそらく法人格をもたない市民活動団体も同様の活動を実施していることが予想される。この状況を真摯に受け止めれば、生涯学習推進計画にＮＰＯの活動を適切に位置づける必要があることがわかる。生涯学習といわずとも住民の主体的な学習と社会参加は重要な課題である。生涯学習の振興にとってＮＰＯの存在はますます増大すると期待される。

生涯学習における新たな局面

現在、生涯学習部門の首長部局への移管や公民館のコミュニティセンターへの移行が論じられたり、指定管理者制度の発効で行政と民間との協働がにわかに浮上するなど、生涯学習をとりまく環境は新たな局面を迎えたといってよい。

その新奇さは、それぞれの目論見が過去において俎上にのぼった時との文脈のちがいに現れている。一九八〇年代後半以降、首長のリーダーシップによって全庁的な生涯学習の振興を図るためにつくられた体制は全部局を巻き込んで生涯学習によるまちづくりが構想されたが、現在は住民へ提供する行政サービスの一セクションとして生涯学習部門が首長部局へ移管されたり、住民自治の名の下に公民館がコミュニティセンターへ移行されたりしている。かつて社会教育行政による成人教育への干渉に対する異議申し立てとして松下圭一の社会教育行政不要論（松下圭一『社会教育の終焉』筑摩書房、一九八六年）が提起されたが、現在は行財政改革推進の一環として公民館等の生涯学習関連施設の管理運営を地元や指定管理者に委託しようとしている。ひとまず環境変化への正確な分析と理解が必要であろう。

周囲の状況を見わたしたときに、その新たな局面をどう評価すればよいのだろうか。例えば、コミュニティセンターへの移行が住民自治を具現させるために、あるいは住民の学習権を保障するために有効に機能するのであれば、それは歓迎すべきであろう。そこで住民の総意が形成され、教育計画が立案され、施設計画、事業計画、管理運営計画がともに実行に移されるのであれば、旧習を墨守することはない。また、公民館等の管理運営をＮＰＯ等に委託することも法的には可能となった。ＮＰＯ等の中には、人権問題、環境問題、国際理解・貢献、地域福祉等の現代的課題に取り組む団体が多く、その意味で行政にはない人材とノウハウを蓄積したＮＰＯ等の活力は魅力的であり、事業の企画や実施においても高いポテンシャルが期待できる。

一方で、その動きを諸手をあげて歓迎できるかどうか、不安材料も少なくない。高度消費社会の中で育った権利意識の強い消費者である住民が、コミュニティ形成のための計画づくりにすぐさま参画できるであろうか。自身の関心や団体のミッションに従って活動するＮＰＯ等のメンバーが公民館等でジェネラルな関心をもちつづけて多様な事業の展開ができるのだろうか。拙速な移管や移行がもたらす弊害を回避するためにも、十分な検討による意思決定が必要となろう。これこそまさに生涯学習推進計画の策定段階で議論し、合意形成の後に計画に盛り込まなければならない。

行財政改革の文脈でいえば、住民サービス部分の財源の削減を選択するのも住民であれば、ボランティアあるいは低賃金で住民サービスの提供者となるのも住民である。これは「コストの削減と民間活力の導入」と「ボランティア精神の高揚と公共サービスの向上」が同時に達成されるものであるのか、という問いでもある。共生社会の実現のために避けては通れない道ではあるが、前途は多難を呈している。行政とＮＰＯとの協働という枠組みが示され、ボランティアリーな団体が自立に向けて動き出した中で、公共の軸をシフトさせるか、新しい公共をつくり出すのか、いずれにしても近未来の行政計画には欠かせない視点となろう。

参考文献

有吉英樹・小池源吾編『生涯学習の基礎と展開』（田原迫龍磨・仙波克也企画・監修）コレール社、一九九八年
上杉孝実・前平泰志編『生涯学習と計画』松籟社、一九九九年
佐々木正治編著『21世紀の生涯学習』福村出版、二〇〇〇年
鈴木眞理・清國祐二編著『社会教育計画の基礎』学文社、二〇〇四年
吉川　弘・角替弘志編『生涯学習推進・社会教育計画』文教書院、一九九六年

第6章　生涯学習と学習者

1　多様な成人学習者

成人学習者のタイプ

生涯学習の主役は、なんといっても学習者、なかでも本章で取りあげる成人学習者である。こうした成人学習者の学びのありようはじつに多様であり、学習の目的や学習内容・方法もそれぞれに異なる。そのため、多様な成人学習者をいくつかのタイプに整理・把握しようという研究がこれまでも試みられてきた。

フール（Houle, C. O.）の研究は、学習者の学びに対する志向性に着目して、成人学習者を、「目標志向」（goal-oriented）、「学習志向」（learning-oriented）、「活動志向」（activity-oriented）の三つに大別したことで知られる。「目標志向」とは、仕事や生活に役立てるといった、明確な目標を達成するための手段として学習を行う学習者である。「学習志向」は、知識そのものを追求するタイプで、学ぶこと自体を楽しむ知的好奇心の旺盛な人びとである。最後の「活動志向」タイプは、友人を見つけるなど、学習内容や目的とは無関係に、学習活動がもたらすものの中に意味を見出す人たちである。

このことをＮＨＫ放送文化研究所が行った「学習関心調査」の結果を手掛かりにみてみよう。表６-１は、成人（男性）の学習志向性を年齢別に示したものである。表をみると、学習志向性の第一位が四〇歳代前半までは「仕事」、四〇歳代後半から六〇歳代にかけては「学ぶ楽しさ」、七〇歳代以降は「仲間」と推移していることがわかる。フー

表6-1　成人（男性）の学習志向性

	1位（%）	2位（%）	3位（%）
30歳代後半	仕事（20）	学ぶ楽しさ（14）	息ぬき（14）
40歳代前半	仕事（26）	健康（15）	学ぶ楽しさ（15）
40歳代後半	学ぶ楽しさ（25）	健康（13）	仕事（11）
50歳代前半	学ぶ楽しさ（27）	健康（22）	健康（18）
50歳代後半	学ぶ楽しさ（19）	息ぬき（13）	
60歳代	学ぶ楽しさ（28）	仲間（12）	老化防止（11）
70歳代	仲間（18）	学ぶ楽しさ（14）	健康（14）

（「NHK 学習関心調査」の結果をもとにした山川肖美「高齢者の観点から――高齢者と自己実現」柿木昇治・山田冨美雄編『シニアライフをどうとらえるか――研究の視点と提言』北大路書房，1999年，121頁）

ルの分類にしたがえば、これは、「目標志向」から「学習志向」、そして「活動志向」へと加齢による学習志向性の変化とも読みとれ、年齢と学習志向性との関連がうかがわれる。一九六一年に発表され、すでに古典に位置づけられるフールの研究ではあるが、学習への参加動機をめぐって三つに分類した成人学習者のタイプから学ぶべきことは、今でも少なくない。

それに関連して、わが国では、同じく「学習関心調査」のデータを利用して、成人学習者のタイプ分けを試みた藤岡英雄の研究がある。その結果によると、学習内容と方法の組み合わせから、「おけいこごと型」をはじめとして、「個人趣味教養型」「語学趣味型」「職業技能型」「集団スポーツ型」「趣味スポーツ型」「生活技術型」「社会教育型」という八つの成人学習者のタイプが導き出されている。ただ、こうした成人学習者のタイプは、かならずしも固定的なものではなく、時代によって少しずつ変化していくとされる。

成人学習者への照射

これらの結果をみると、成人学習者が多種多様であることに改めて気づかされる。もちろん、タイプの異なる成人学習者は、ちがったニーズをもっている。したがって、多様な成人学習者を理解したうえで、彼・彼女らの学習を支援していくことが生涯学習にはとりわけ必要とされる。

ところが、これまでの社会教育の実践は、成人学習者に対する学習支援どころか、成人の学習者そのものを十分に顧みてきたとはいえないものであった。すなわち、その現状をふり返ると、成人の学習を学校教育的な発想や技術で理解したり、扱ったりするケースが少なくなかったのである（倉内史郎編『社会教育計画』学文社、一九九一年）。これでは、成人学習者のタイプに応じた学習支援などはほど遠い。

こうした状況をもたらした大きな原因は、教育といえば、やはり子どもの教育、つまり学校教育という考え方がずっと支配的だったことに求められるだろう。そのため、子どもの学びを中心にした教育理論の発展に比べ、成人の学習についての研究は、大きく遅れていた。このような状態でも、社会の変化が緩慢であり、一人前の人間として必要な知識や技術が青少年期の教育のみで事足りた時代では、とりたてて問題はなかった。しかし、その後の社会の急激な変化によって、学校卒業後の教育の重要性が増してきたなかで、成人の教育を子どものための教育理論や学校教育のモデルに基づいて行う矛盾がより顕在化してきたのである。

そうした状況も反映して、アメリカでは、一九七〇年代以降、成人のための教育・学習に関する研究が盛んに行われるようになってくる。それは、成人学習者に焦点をあて、彼・彼女らに共通した特徴を導き出すことを通して、成人のための学習支援の原理を新たに開発していこうという動きにほかならない。この成人のための学習理論の構築に与って大きく貢献したのが、アメリカの成人教育学者のノールズ（Knowles, M. S.）であった。

2　成人学習者の特性と理解

ノールズによるアンドラゴジー論

ノールズによって主唱されたアンドラゴジー（*andragogy*）とは、ギリシャ語で成人を意味する *aner* の連結形 *andr* と、指導を意味する *agogos* を合成した造語であり、「成人の学習を援助する技術（art）と科学（science）」と定義されている。このアンドラゴジーにおける鍵概念は、成熟である。ノールズは、成熟に伴って現れる成人学習者の特性について、「学習者の自己概念」「経験の役割」「学習へのレディネス（準備状態）」「学習へのオリエンテーション（方向づけ）」の四点から示唆している。彼のアンドラゴジー論の基本となる、これら四つの成人学習者に関しての考え方は、伝統的な教育学であるペダゴジー（*pedagogy*）が依拠してきた子どもの学習者についての考え方とは、明確な対比をなす。そのため、アンドラゴジーを理解するためには、ペダゴジーと比較した方がわかりやすい。その対比を簡潔に示したのが、表6－2である。ノールズがアンドラゴジーを体系づける際に前提とした成人学習者の特性について、表にしたがって、まずは学習者の自己概念からみていこう。

a　学習者の自己概念

ノールズによれば、人間が成熟するにつれて、その自己概念は、依存的なものから自己主導的（self-directed）なものへと移行していく。すなわち、成人は自分の人生を、責任をもって、主体的に切りひらいていく自律的な存在として自らを認識しており、他人にもそのように扱われることを希求する存在として捉えられている。このことは、完全な依存状態で生まれ、成人に指導を受けながら学習する場合が多い子どもとは大きく異なる。そのため、成人には、こうした心理特性を尊重した学習支援が必要となる。

b　経験の役割

人は経験をますます蓄積するようになるが、これが学習へのきわめて豊かな資源になっていく。子どもとちがって経験の蓄積が多い成人は、自分自身と自己の経験を同一視するため、自己の経験をことさら重視し、経験の否定はその人格の否定につながるほどの意味をもつ。したがって、成人の学習には、この豊かな経験を活用した学習方法が効果的とされる。

表6-2　ペダゴジーとアンドラゴジー（Knowles, M. S.）

		ペダゴジー	アンドラゴジー
前提	学習者の自己概念	依存的段階	自己主導性の増大
	経験の役割	あまり価値なし	貴重な学習資源
	学習へのレディネス	生物学的発達や社会的圧力	社会的役割の変化
	学習へのオリエンテーション	教科中心	問題解決中心

c　学習へのレディネス

学習へのレディネスは、次第に社会的役割にかかわる発達課題へ向けられていく。すなわち、子どもの発達課題が精神的・肉体的な成熟や社会的な圧力にかかわって生じるのに対して、成人のそれは社会的な役割から生じる。様々な社会的役割をもつ成人は、その役割の変化や遂行に合わせて、必要とする学習ができうる状態であるかが問題となる。そのため、必要となることを学ぶタイミングが成人には重要になってくる。

d　学習へのオリエンテーション

子どもの学習は、準備教育、つまり将来成人したときに役立つことを予想して、教科を中心に系統だって行われる。そのため、学校での学習活動とその結果の利用や応用との間には、一般にかなりの時差（time lags）が存在する。しかし、成人の場合、知識を後で応用することから、現在抱えている諸問題を解決するために学習し、その結果の即時の応用へと変化していく。そのため、学習へのオリエンテーションは、教科中心的なものから、問題解決を中心としたものへと移行していくことになる。

自己主導的学習の重要性

この四つの特性のなかでも、ノールズは学習者の自己概念にとりわけ重点をおいている。彼によると、成人の自己概念の特徴は自己主導性にある。アンドラゴジーにしたがって、この自己主導性を尊重した成人の学習場面を想起してみると、計画・実行・評価という一連の学習過程の主導権を握っているのは、まさに学習者自身ということになる。これは、依存的な自己概念から、教師が主導的な役割を果たす子どもの学習とは明らかに異なる。

ノールズは、このように学習者が自らの責任のもとに、自己の学習をコントロールしていく学習の様態を「自己主導的学習」（self-directed learning）と呼び、重要視している。生涯学習における学習の理想型ともいえる自己主導的学習ではあるが、学習者がどの程度自己主導性を発揮するかによって、様々な形態が想定できる。なかでも、ノールズが構想した「学習契約」（learning contract）は、自己主導的学習を最も具現化した実践方式として注目される。ここでいう学習契約とは、教師と学習者との契約を意味するのではなく、自分自身との間で契約を結んでいく点に大きな特徴がある。具体的には、学習を開始するにあたって、学習目標や学習方法、評価の仕方などについて学習計画表（契約書）を作成し、それをもとにしながら、自らの学習をすすめていく。そればかりか、ここには、その学びを通して、学習者自身も自己主導的な学習者になっていくことができるという意図も込められている。

理念としての成人学習者

このようにノールズは、子どもの学習者との対比によって、成人学習者の特性を描き出し、アンドラゴジー論やそれに立脚した自己主導的学習論を構築していった。アンドラゴジーをはじめとした彼の論は、その斬新さゆえに多くの注目を集めていくが、そのぶん批判も誘った。批判の多くは、アンドラゴジーを構想した彼の主著の初版（一九七〇年）において、サブタイトルを「ペダゴジー対アンドラゴジー」（*Pedagogy vs. Andragogy*）としたことによると思われる。この点が、ペダゴジーとアンドラゴジーとを二分法で対立させ、あたかも子どもの学習者と成人学習者のそれぞれの特性を限定的に捉えていくように映ったのであろう。具体的には、子どもの学習にもアンドラゴジーモデルを適応した方がむしろ効果的な場合があるとの声が、現場の教師の多くから寄せられたのである。もちろん、その逆の場合もありうる。

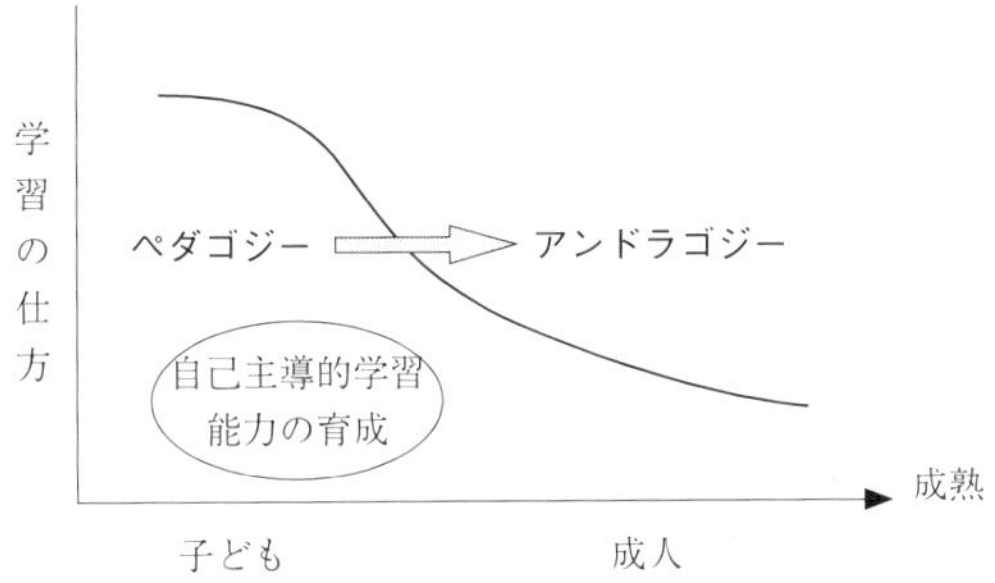

図6－1　修正されたアンドラゴジーの考え方

そこで、ノールズは初版から一〇年後の改訂版（一九八〇年）においては、そのサブタイトルを「ペダゴジーからアンドラゴジーへ」（*From Pedagogy to Andragogy*）とあらため、当初の見解を修正している。つまり、ペダゴジーとアンドラゴジーは対立するものではないし、ましてや善し悪しを示しているものでもない。それより、両者はむしろ、成熟によって漸進的に移行する連続体的な存在として捉えられるようになってきている。この修正されたアンドラゴジーの考え方は、図6－1のように示すことができる。

図をみれば、成熟に伴って、ペダゴジーモデルからアンドラゴジーモデルへの転換が望まれていることがわかるだろう。しかし、このことは、とくに学習者にとって、容易なことではあるまい。というのも、アンドラゴジーモデルへの移行には、多くの学習資源のなかから、自分にあった内容と水準のものを選び、そのために時間を捻出して学習し、その成果を評価する力、すなわち「自己主導的学習能力」を成人学習者側にとりわけ求めているからである。とすれば、学校教育における自己主導的学習能力の育成が、必須にして緊急を要する課題として要請されてくるのは明らかである。

このようにみてくると、アンドラゴジーによる成人学習者の特性は、決して生得的なものではなく、あくまで理念としての成人学習者の特性を示唆したことが理解できるだろう。したがって、理念としての成人学習者像に近づくことができるように、それぞれの成熟の度合いに応じた積極的な学習支援が必要になってくる。

3　学習者としての高齢者の特性

ジェロゴジーの出現

平均寿命の伸長や出生率の低下を主因とした高齢社会の加速度的な進展は、ペダゴジー、アンドラゴジーに続く第三の *gogy* として、「ジェロゴジー」（*gerogogy*：高齢者教育学）なる新たな学問体系を生み出した。すなわち、長く延びた成人期をアンドラゴジーとして一括りに捉えていくことへの疑問や限界が、高齢者独自の学習特性があるという、ジェロゴジーの出現をもたらしたといえる。このジェロゴジーは、肉体的な衰えや学習者の自己概念が再び依存的になっていくという高齢者の特性を考慮に入れながらも、彼・彼女らの学習可能性を明らかにしたものである。その原理のなかには、「学習成果の応用の即時性は二次的になり、学習経験そのもののなかに価値を見いだそう」（堀薫夫『教育老年学の構想――エイジングと生涯学習』学文社、一九九九年）とする高齢者の特性も示されている。このことは、まさにフールのいう「学習志向」や「活動志向」が表れてきたとみてよいだろう。しかも、この両志向性の関係を、再度、表6-1の成人（男性）の学習志向性に立ち返ってみると、年齢を重ねるにつれて「仲間」が一位に入るなど「活動志向」の方がより強くなってきていた。

これらを勘案すると、学習活動やそれに伴う人とのふれあいを重視した「活動志向」こそ、高齢者にとりわけ顕著な学習志向性として位置づけることができる。

社交性と有用性

こうして高齢者の特性を捉えると、わが国における高齢者対象の学習機会のうち、趣味・教養の領域が圧倒的に主流を占めていることも納得がいくだろう。そうした学習の場を中心に、高齢者の「活動志向」、言い換えれば、人と楽しく過ごしたいという「社交性」を支援していくことは、たしかに重要なことである。しかし、それに偏りすぎるのもいかがなものであろうか。つまり、従来のステレオタイプな高齢者への見方にとらわれず、主体的に社会参加し、社会的役割を果たす存在としても高齢者をみていくべきである。もっとも、「年をとるにつれて社会的役割が減少するため、それから離れた学習課題が求められてくる」との指摘もジェロゴジーの原理には存在する。しかしその一方で、高齢期が役割喪失の時期だからこそ、何か他の人や地域で役に立ちたいという「有用性」を充足していけるような高齢者支援もやはり必要といえそうだ。しかも、低下する高齢者の社会的役割といっても、それは社会的役割を職業生活や生産活動と直結させた考え方であって、むしろ日々の生活のなかで社会的役割を見出していくことも考えられてよいはずである（碓井正久・倉内史郎編『改訂 新社会教育』学文社、一九九六年）。すなわち、高齢者には、身近な日常の場をはじめとして、自治会・老人会といった地域活動、さらにはボランティア活動など、様々な社会参加へのニーズがあり、高齢者は生活者としての社会的役割も十分に担いうると捉えていくべきであろう。

これらを考え合わせると、高齢者の学習支援では、野島正也（「人間の発達・成熟と学習」鈴木眞理・永井健夫編『生涯学習社会の学習論』学文社、二〇〇三年）が指摘するように、彼・彼女らの地域活動における「社交性」と「有用性」の二つの視点を堅持した取り組みが重要になってくるだろう。

4　成人学習者をめぐる課題

相反するような成人学習者の特性

ここまで、生涯学習をすすめていくうえで、前提となる学習者としての成人、さらには高齢者の特性をみてきたが、そのなかでも学習意欲が高く継続的に学習を行っている人たちに対する共通点として、何を位置づけることができるだろうか。その答えを、いまいちどフールに求めるなら、成人学習者の「意図的探究心」においてほかはないだろう（佐々木正治「フールの自己主導的学習論に関する一考察」『比治山大学現代文化学部紀要』第十一号、二〇〇四年）。たしかに、こうして学習を積極的に続けている人びとにとって、学習は彼・彼女らの飽くなき「探究心」とその原型とされる「好奇心」の発露であるにちがいない。

しかし、ここで気をつけなければならないのは、これまで取りあげた成人学習者の特性が理念であって、すべての成人が理念通りに成熟し、旺盛な探究心をもった人間であるとは限らないという点である。つまり、大人になるとだれしもが完全な自己主導性を有しているわけではなく、それぞれの個人に応じた独自の成熟の型がありうることもふまえて、学習支援のあり方を検討していかなければならない。さらに、成人学習者の特性にも改めて注意を払う必要がある。例えば、成人学習者にとって学習への貴重な資源となるはずの経験が、かえってマイナスの面を引き起こすこともある。すなわち、自らの経験に固執した成人は固定的な思考のパターンや独りよがりな学習に陥り、新たなことに心を開かない場合もある。そのため、こうした成人のかたくなな発想や意識をどのように変容していくのかという議論も、成人学習の研究課題となっている（赤尾勝巳『生涯学習社会の諸相』〈現代のエスプリ 四六六〉、至文堂、二〇〇六年）。また、成人学習者が学習への強い動機づけや旺盛な学習意欲をもつことはよく知られているが、その一方で、学習についての不安や自信のなさを隠しきれないでいる様子も看取される。とくに、学習の場面から遠ざかっていた成人学習者ほど、学習に対する積極性と不安感を同時に抱いて学習に臨む傾向があるようだ。しかも、こうした学習への否定的な意識には、学校教育を中心とする過去の学習経験が影響を与えているため、評価に象徴されるような学校教育的な手法を成人学習者は忌避していくことが指摘されている（白石克己・金藤ふゆ子・廣瀬隆人編『学習プログラムの革新——学習者がつくる学びの世界』ぎょうせい、二〇〇一年）。それなのに、忌み嫌うとされる学校教育への憧憬も依然としてこの人たちには根強い。これらの一見すると、相反するような成人学習者の特性にも留意しておくことが望まれる。

自己主導的学習についての誤解

ところで、自己主導的学習といえば、成人が学習過程のすべてを自身でコントロールしていく点をことさら強調して、あたかも他人の助けを借りずに学ぶ、独学のような印象を与えてしまうきらいがある。しかしノールズ自身、「他者の手を借りるかどうかにかかわらず、（中略）個々人が主導権を握って行うプロセス」と自己主導的学習を位置づけているように、それは一人っきりで展開する学習活動を一概に指すものではない。換言すると、他者の援助を受けるかどうかも自分自身で決定することも含めて、自己主導的学習なのである。

とはいうものの、ノールズが学習者の個人的な心理に重点をおいて成人の特性を際立たせてきたことがかえって、個々の学習者をとりまく多様な環境要因の影響を低下させ、ひいては自己主導的学習を周囲から孤立した学習活動とみなす誤解を助長させたのかもしれない。だが、実際の自己主導的学習が、教師や仲間など、様々な学習支援者とともに行われているのも事実である。それに、成人学習者の自己主導性と並んで、学習者と学習支援者との「相互関係」（mutuality）についてもノールズが早くから重要視していたことを見逃してはならない。このように考えると、学習者が学習支援者との相互関係のなかで、成人の学習、さらには自己主導的な学習が効果的に展開できるように支援していくことが、現実的に求められてくるだろう。

周辺的学習者の存在

最後に、学習者の多様性という点からすると、学習をしたくてもすることができない人たちがいることにも目を向けなければならない。こうした人たちを住岡英毅は、「周辺的学習者」と名付けている。「周辺的学習者」とは、学びたくても仕事で時間的にゆとりのない人をはじめ、健康に恵まれていない人、山間部や離島に住む人、経済的な理由で学習を継続できない人、能力にあった学習機会が見当たらない人などの学習から阻害された人びとのことをおもに指す（讃岐幸治・住岡英毅編『生涯学習社会』ミネルヴァ書房、二〇〇一年）。こうした学習者の存在を見落とせば、まさにピーターソン（Peterson, R.）が「education more education の法則」として警鐘を鳴らしたように、学習機会への参加が高学歴や高所得者などの学習条件に恵まれた人たちに偏り、さらなる学習格差の拡大につながっていくおそれさえある。

そうした意味でも、「周辺的学習者」を含めた多様な学習者の特性を理解することが、生涯学習の根幹をなすことはまちがいない。

参考文献

ＮＨＫ放送文化研究所編『日本人の学習――成人の学習ニーズをさぐる』第一法規出版、一九九〇年

佐々木正治「フールの自己主導的学習論に関する一考察」『比治山大学現代文化学部紀要』第十一号、二〇〇四年

ノールズ、堀　薫夫・三輪建二監訳『成人教育の現代的実践――ペダゴジーからアンドラゴジーへ』鳳書房、二〇〇二年

藤岡英雄「学習者の特性と学習課題」倉内史郎編『社会教育計画』学文社、一九九一年

渡邊洋子『生涯学習時代の成人教育学――学習者支援へのアドヴォカシー』明石書店、二〇〇二年

Houle, C. O., *The Inquiring Mind*. The University of Wisconsin Press, 1961.

第7章　生涯学習と支援者・指導者

1　生涯学習における支援者・指導者の位置づけ

生涯学習における支援者・指導者の位置づけの変化

人びとの多様な学習活動およびそれをとりまく活動（情報の収集、意思決定、学習成果を活用する活動など）において、支援者・指導者の果たす役割はたいへん重要なものである。私たちは様々な生活経験や学習経験を経てその人特有の興味や嗜好をもつようになっている。このことは私たちの日々の生活を安定させ、自分の「好きなこと」「得意なこと」を形成するうえで役に立っているが、それは同時に「嫌いなこと」や「関心のないこと」「不得意なこと」の固定化につながる側面ももっている。このようにともすれば固定化し偏った学習や生活を続けてしまいがちな学習者に対し、新しい情報や刺激を与えることで学習ニーズを顕在化し、学習活動の開始に必要な情報やサポートを提供し、実際の学習活動を支援・指導し、学習活動の総括や学習成果の活用を支援するという幅広い役割が、今日、生涯学習の支援者・指導者に期待されていると捉えられる。

従来は、教育・学習という事象が学習者と指導者という両者のかかわりの中で捉えられ、そこでは支援者は周辺的な位置づけしか与えられていなかった。典型的には、教室に数十名の学習者が集まり、それに対して教室の前にいる指導者が講義を行うというスタイルが想定されるであろう。ここでは、指導者と学習者のやりとりの中で、どのような知識や技術・態度が伝わりあるいは変化したかということに関心が払われる傾向が見られた。

これに対し、マルチメディアの発達や新しい学習方法の普及などで学習活動が多様化してきたこと、また狭義の学習活動だけでなくその周辺の活動（学習ニーズの顕在化や学習モラールの維持・向上、学習成果の活用など）を含めた総合的な学習支援の重要性が認識されてきたことから、指導者に求められる「指導」の内容がより広範なものとなり、指導者が同時に支援者としての役割を発揮することや指導者と支援者が連携・協働する必要性が認識されてきたといえよう。このなかで、支援者についてみれば、学習者の学習支援においてより重要な位置づけを与えられるようになってきている。つまり、指導者と支援者の役割はそれぞれ拡大しつつ、相互に重なり合う部分が多くなっていると捉えることができる。

参加型学習と支援者・指導者

近年、参加型学習の有効性が認知され、普及してきている。参加型学習とは、大まかにいって学習者が積極的・能動的に「参加」するタイプの学習を指し、具体的活動としては、グループ討議、バズセッション、ロールプレイ、シンポジウム、フィールドワーク、ディベート、シミュレーション等多様な活動がある。参加型学習の方法的特徴としては、学習者が主体的にかかわること、学習者の経験が学習資源として活用されること、学習者間あるいは学習者と支援者・指導者との間に基本的に水平的な関係がつくられること、対話や交流を通した相互学習で学習活動を進めていくこと、などがあげられる。

参加型学習が有効に行われるかどうかは、そこに参加する学習者そして支援者・指導者によって大きく左右される。参加型学習の参加者は、多様な価値観を受け入れること、他者の意見を傾聴し信頼関係を築くこと、合意を形成すること、問題解決に主体的にかかわること、などが求められる。支援者・指導者は、参加型学習の問題状況を解決し、相互作用や交流を促進し、問題解決のための具体的方策の決定を支援する。これらをうまく行おうとすれば、支援者・

指導者に傾聴や受容的態度、発話の技能、時間管理の技能、など多様で高度な力量が求められる。

従来の、例えば講演会など「承る」ことを中心とした学習機会に比べ、参加型の学習活動の重要性や効果が認識されている今日の状況においては、そのような学習を適切に支援する、より力量の高い支援者・指導者が必要とされているのである。

2　学習活動の進行と学習の指導・支援

学習ニーズの顕在化

現代社会では情報化や生活領域の拡大が進んでおり、膨大な情報の中で、広い生活領域の中でどのように学習ニーズを形成するかが学習者にとっての最初の問題となる。学習関心の氷山モデルによれば、実際の学習行動はその下の顕在的学習関心、さらに下の潜在的学習関心に支えられており、潜在的学習関心から顕在的学習関心に、顕在的学習関心から学習行動に転移する率はおよそ一〇%であるという（藤岡英雄「学習関心の把握」佐藤守・稲生勁吾編『生涯学習促進の方法』（生涯学習講座5）第一法規、一九八九年、一二一―四〇頁）。顕在的学習関心とは、「学習したい」とふだんから意識していて行動化の可能性の高い学習関心、潜在的学習関心とは外からの刺激や手掛かりによって初めて意識される学習関心である。このモデルから考えると、豊かな学習行動が形成されるためには、豊かな学習関心が顕在的にも潜在的にももたれている必要がある。また、学習支援という観点からは、情報提供や興味・関心の共有を通して、無関心から潜在的学習関心へ、潜在的学習関心から顕在的学習関心へ移行することを支援することが重要である。

私たちは、自分のもつ学習関心を自ら経験し選択し形成してきた自主的なものだと考えているが、じつは自分が身をおいている周囲の状況、職場や家庭、親しい友人・知人、近隣の地域社会、などの影響を強く受けており、似たような状況にある人は似たような学習関心をもつ傾向が強いことが近年わかってきた。このように周囲の状況により学習関心が偏在し、固定化する傾向があることを考慮すると、学習ニーズを顕在化する学習支援は、その人の学習行動をよりバランスのとれた、豊かなものにするうえで重要な意味をもつといえよう。

生涯学習では「いつでも、どこでも、だれでも」学べる可能性がある反面、学習しない人はまったく学習をしない（あるいはできない）可能性もある。生涯を通じた学習の格差は拡大しているようにさえ思える。豊かな学習関心をもちそれを顕在化できるように、あるいは学習関心の豊かさの個人差が広がらないように、適切な学習支援が行われることが必要である。

それでは、この段階での学習支援は、どのように行われるのであろうか。私たちが日常の生活で周囲の人からあるいは様々なメディアによって情報を入手することで、学習関心を形成することを考えると、この段階での学習支援の中心は、情報提供ということになろう。情報提供は、特定の個人に対して学習関心の形成を明確に意図して行われることもあれば（例えば、知人に自分たちのサークルでの学習活動に参加することを勧誘する）、相手を特定せずに行われることも、学習関心の形成を意図せずに結果的に学習関心が喚起されることもある（例えば、インターネットのホームページ〈ＨＰ〉を開設し自分の趣味や学習成果の情報を提供すれば、その情報が学習関心を喚起して結果的に学習支援を行ったことになる場合がある）。直接的な学習への勧誘も、情報提供による間接的な学習支援も両方とも重要である。ただ、学習支援としての効果の大きさや自分の学習成果の活用という観点からは、自分がかかわった魅力ある学習内容について広く情報を発信することが有効と考えられ、その方法としてはＨＰ開設が効果的な手段となってきているといえる。

学習ニーズから学習活動の開始へ

学習ニーズを明確に意識したら、次はそれを具体的学習活動の計画につなげていくことが必要になる。この段階では、まず自分の学習ニーズにあった学習活動を明確にイメージすること（いつ、どこで、どんな方法で、何を学びたいか）が必要であり、そのイメージにあった利用可能な学習機会をリストアップし、その中から自分に最適と思われるものを選ぶことが必要である。

この段階での学習支援は、おおむね学習相談という形をとると考えられる。学習ニーズをもったとしても、そのニーズにあった学習活動をイメージする力には個人差があり、ある程度経験を積んでいないとその作業が円滑に進まず学習活動の開始をあきらめてしまう場合もあるであろう。まずは、身近な環境の中でこのような問題の相談にのってくれる人がいることが望ましく、私たちは周囲の人の学習ニーズを知り、それを学習活動につなげられるよう支援することをもっと積極的に意識する必要があるように思われる。

学習ニーズを学習活動のイメージに翻訳する段階では、学習者の思いをできるだけ引き出すことが重要であり、まずは傾聴すること、そして学習活動への参加を勇気づけることが基本になるであろう。

学習活動のイメージを具体的な学習機会に結びつける段階での学習支援には、利用可能な学習機会の情報をできるだけ豊富にもっていることが必要である。また、初めてその学習活動に参加することや学習活動に参加するための手続きを行うことなどは少なからず緊張や億劫さを伴うものであり、その意味で気軽にそして積極的に学習活動を開始できるよう勇気づけることも重要である。

学習活動の開始について相談にのるということでは、すでに述べたようにまずは身近なところで学習支援を行うことが重要であるが、より専門的に学習相談が行える機関があることも必要である。たとえば公民館や教育委員会、大学などでそれぞれの専門性を活かした学習相談を行うことが求められる。今後、学習活動を開始するための相談が気軽にでき、ある場合は専門的に対応してもらえる態勢を整備していくことが課題になろう。

学習活動の開始から終了まで

この段階では、どのような指導や支援を行うことで学習活動が効果的に展開されるようサポートするかが問題となる。具体的には、講師や指導者としての指導、プログラムの運営者としてのコーディネート、学習者と指導者あるいは学習者同士の相互作用の促進、学習を進展させたり深化させるための情報提供、学習活動を円滑に進めるための学習相談などがこの段階で行われる。

この段階での学習支援が成功するためには、こういった学習活動にかかわる様々な取り組みが適切に連携しあって行われることが重要である。例えば、講師と運営者が異なり複数の人がかかわるプログラムの場合には、学習活動を適切に展開するための役割分担と連携、十分な情報の交換と調整によって、総合的・多角的に学習活動をサポートしていく必要がある。逆に、一人ですべてを担当して行うプログラムでは、どうしても直接的な指導に注意がいき、学習者に対する細かいフォローがゆき届かないことが想定されるので、前もってどのような対応が必要かを考え、周到に対応を準備しておくことが重要である。

講師や指導者としての指導では、まずは興味深く話すための十分な知識が必要であろうし、学習者の関心をさらに高め積極的・能動的な関与を促すような話し方の技術も必要であろう。話し方に加え、プレゼンテーションの技術も重要である。配付資料、写真、ビデオ、などを組み合わせることで学習の効果を高めることができる。近年はパワーポイントをはじめとするプレゼンテーションのツールも普及し、視覚的な情報も付け加えることでより効果的に指導を行うことが可能になってきている。

学習活動の中では、その場で展開される学習活動に加え、それを補足したり発展させるための情報も提供されることが望ましい。参考となる文献の紹介や関連する学習課題などを示すことで、学習を深めたり発展させたりすることを支援できる。限られた時間の中で提示できる情報には限度があるが、それでも自己完結的に話すのではなく、いくらかでも学習者の自主的学習活動を促進する情報提供を含めることが望ましい。

プログラムの運営者という立場では、総合的に学習を支援することが求められる。これまでに述べたような指導を指導者に依頼することも重要であるし、学習の場の雰囲気づくりにかかわることもあろう。相互作用を有効に行えるようなプログラム企画は運営者としての関与の中心的なものであるし、様々な情報提供を行うこと、プログラムと並行して学習相談を行うことも重要である。これらを通じてプログラムの運営者は、プログラム全体に目配りができていることと個別的対応ができることの双方を要求されるといえる。

学習活動の終了から次の学習活動へあるいは学習成果の活用へ

ある学習活動が終了した時点で、多くの場合その学習活動を発展させたり、関連する別の学習へ移行させたりという形で継続的に学習活動を進展させることが必要になる。また、しばしば私たちは学習した成果を活用することを希望するし、活用することを周囲から期待されることもある。

学習活動の発展や移行、学習成果の活用が円滑に行われるためには、できるだけ先行の学習活動の中で展望や具体的方法が獲得されていることが望ましい。関連する学習、学習を発展させる方向、学習成果活用の方法、などとしてどのようなものがあるか、が情報提供され、それらに取り組むことが促進されることが望ましい。なぜならば、学習活動を行っている間は支援者や指導者と直接的・間接的に関係をもっている場合が多く、それだけ学習活動の発展や移行、学習成果の活用を支援しやすいからである。

学習活動が終了した後での学習の発展・移行の支援は、おもに情報提供や相談という形をとるであろう。学習関心を喚起するような多様で良質の情報が提供されることにより、学習活動の発展や移行が促進される。学習活動終了後での学習支援は、個別的学習相談の形で行われる場合と不特定多数の人への情報提供という形をとる場合が考えられる。

学習成果の活用を支援するためには、学習内容ごとにどのような領域でその成果が活用できるかを知っておく必要がある。しかも一般的な情報ではなく、具体的にどこでどのように活用できるかを情報提供し、相談にのることが必要である。その意味では、たんに活用が可能な場を知っているだけでなく、そこにかかわっている人とコネクションをもち、学習成果の活用について提案し受け入れてもらうといったコーディネートができることが望ましい。

3　支援者・指導者の類型とその養成・研修

ここまでにみてきたように、生涯学習の支援者・指導者に求められる役割は多岐にわたり、一人ですべての役割を果たすことは難しい。そして、実際に、生涯学習にかかわる支援者・指導者は多様であり、多くの人が支援者・指導者として人びとの学習活動に関与している。この節では、このような支援者・指導者にはどのようなものがあり、どのような役割を期待されているか、役割を果たすためにどのような養成や研修が必要になるかを考える。支援者・指導者の類型は、多様な観点で分けることができる。ここでは、職務としてかかわるか、職務としてではなくあるいはボランティアとしてかかわるかという視点を中心にして支援者・指導者の類型を把握し、その養成と研修の問題をみてみたい（井上講四「学びを支援する人たち」讃岐幸治・住岡英毅編著『生涯学習』（教職専門シリーズ10）ミネルヴァ書房、一九九四年、一二一―一三八頁）。

職務として学習活動にかかわる支援者・指導者

職務として学習活動にかかわる支援者・指導者だけでも多様である。教育の分野だけでも、学校教育関係者と社会教育関係者があり、教育以外の分野ではさらに多様な人びとが生涯学習の機会に関与している。

まずは、教育の分野で考えてみると、学校教育関係者と社会教育関係者に分けることができる。学校教育関係者での学習の支援者・指導者としては、まず教員があげられるが、学校職員も学習の支援・指導にかかわれる部分がある。学校教員は担当する児童・生徒・学生に対する指導を生涯学習の一環という位置づけで行うよう求められている。学校開放（施設開放や講座など）の取り組みで、地域住民に対して指導や支援を行うことも必要である。近年では、静岡県や岡山市、大分市など生涯学習の推進に関する業務を校務分掌として位置づけ取り組む自治体も出てきている。業務の多忙化という問題はあるにせよ、地域との連携による教育・指導をすすめることにより児童・生徒・学生にとっても、地域住民にとっても意義のある学習機会を学校が提供したりコーディネートしたりすることが期待されている。

社会教育関係者は、さらに社会教育行政職員、社会教育施設職員、民間社会教育関係者に分けることができる。社会教育行政職員は、社会教育主事（補）や当該（生涯学習や社会教育など）課の職員など常勤で職員として勤務する者と、社会教育指導委員や各種委員会の委員（社会教育委員など）非常勤で勤務する者（多くの場合、定年退職後に委嘱されることが多いのが実情である）とに分かれる。社会教育施設職員は、公民館の主事や図書館の司書、博物館の学芸員などの職員や社会教育指導員や公民館運営審議会委員（非常勤）から構成される。民間社会教育指導者は、講座などの講師や社会教育団体の職員・役員、民間教育事業所の職員などからなり、例えば、カルチャースクールの講師や職員、スポーツのインストラクターなどがその例となる。

教育以外の分野での支援者・指導者としては、まず首長部局の行政職員をあげることができる。生涯学習の機会の提供については、首長部局も以前から力を入れており、教育委員会部局で開設するものに匹敵する数の学級や講座が開設されている。具体的な職種をみてみると、保健師、農業・生活改良普及員、ケースワーカー、児童福祉司、など多様な業種があげられる。施設関係職員では、児童館や学童保育の職員、市民会館の職員などが学習の支援や指導に関与する。民間の関係者としては、ヘルスケア・トレーナー、おけいごとの師匠、企業内教育の担当者、消費生活アドバイザーなどがあげられる。

職務としてではなくあるいはボランティアとしてかかわる支援者・指導者

職務としてではなくあるいはボランティアとして人びとの学習活動の支援・指導に携わる人も多い。前述のように、学習者も積極的・能動的に学習活動に参加する参加型学習の重要性が認められ、その数が増えている今日の状況においては、このような職務としてではなくあるいはボランティアとして学習活動の支援・指導に携わる人びとの役割は大きくなってきている。

ボランティアとして人びとの学習活動に関与することは、本人にとっても社会にとっても意義深い。まず、その活動自体がボランティア自身にとっての学習になる側面がある。他者の学習にかかわることで、理解が十分でない点やさらに詳しく知りたい点などに気づくことができる。また、他者の学習を支援・指導することは自分の学習を定着させ発展させる効果が高い。次に、学習活動の成果を活用してボランティアとしてかかわりその活動で出てきた課題を解決するためにまた後続の学習活動が生起するというように、学習活動とボランティア活動とが関連し合いお互いを促進するというつながりが重要である。さらに、ボランティア活動による学習活動の支援は、従来の「官」と「民」の二分法に収まらない新しい活動領域として社会の中の生涯学習を振興しているということがある。行政としてあるいは民間教育事業所としての一定の制約（中立性や公平性、あるいは利潤追求など）の下ではなかなか実現できない学習支援がボランティアによって可能になる。

ボランティアの学習支援への関与は、職務として学習支援を行う人といくつかの点で異なる。まず、ボランティア自身が当該の学習を実践している人であり、学習仲間やリーダーとして学習活動にかかわることが多い。学習の形態としては、参加型学習の中で関与することが多い。そして、ボランティアの学習成果を活用することで自らの生きがいを高めるとともに、何らかの形で社会や周囲の人びとに貢献したいという思いをもっている。したがって、ボランティアは例えば行政職員とは異なった立場で、異なった方法で学習活動に関与し、学習支援において異なった機能を果たすと考えられる。しかし、ボランティアによる学習支援を促進するうえでは、課題も多い。一つは学習支援を行うボランティアの養成・研修が必ずしも十分に整備されていないことである。このことについては次項で述べる。もう一つは、人員や予算の削減など人びとの学習支援を低下させるような動き（例えば近年の行財政改革や市町村合併の結果としての行政職員の削減や予算の削減、それを受けた事業の廃止・縮小など）に対して、それを穴埋めさせる存在としてボランティアが「便利使い」されてしまわないかという懸念がある。ボランティアが独自の意義をもち、継続的に活動していくためには、交通費などの実費部分の経費を確保することや、ボランティアの養成・研修や活動の場のコーディネートなどについて行政や民間の組織が一定の機能を果たすことなどが必要である。

ボランティアに加えて現在注目されている学習の支援者・指導者がＮＰＯである。一九九八（平成一〇）年に特定非営利活動促進法（いわゆるＮＰＯ法）が成立し、生涯学習の分野でも多様なＮＰＯの活動が形成されてきた。ＮＰＯによる学習支援は、ＮＰＯが組織として専門性や体系性をもつように戦略的に整備されやすいこと、必要な施設や設備を確保しやすいこと、メンバー相互のあるいはＮＰＯ相互の情報交換や研修などによりノウハウを蓄積しやすいことなどから、学習の支援においてより高い機能を発揮することが期待できる。学習成果の活用を志す人にとっても学習成果活用の場（施設、設備、プログラム、運営のノウハウなど）を確保しているＮＰＯの存在は、個人レベルではなかなか実現しにくい学習成果の活用を促進するという意味で重要である。

生涯学習の支援者・指導者の養成・研修

支援・指導がどの程度の効果を発揮するかという観点からは、支援者・指導者の養成・研修の問題が重要である。前項で述べた支援者・指導者の類型にそって整理すると、職務として学習活動にかかわる支援者・指導者については、相対的に養成と研修のシステムが整備されている方である。とくに資格を要する支援者・指導者については、一定の養成・研修システムが整備されている。

そのような支援者・指導者として、まず社会教育主事があげられる。社会教育主事の設置や職務、研修については法で規定されており、養成面では社会教育主事講習が実施されることでシステムが整備されているといえる。一方、研修については主として都道府県教育委員会により開催されているが、その内容についてはばらつきもあり、社会教育主事となった後の力量の向上については課題も多い。同様に資格が付与される図書館司書や博物館学芸員についても大学などで科目が開設され講習が実施されており、養成の面では比較的システムが整備されているといえる。しかし、司書の場合でみると、司書のポストが増加せずさらに非常勤職員化されるなどの動きがあり、司書資格も持っていても司書として働くのが困難な状況なども生じており、また情報化などに伴い図書館の機能自体が変化していることを考えると、研修面での課題は少なくない。

民間で職務として学習活動の支援・指導に当たる人たちについても資格を必要とする場合には、養成・研修システムが整備されやすい。スポーツ指導員、スポーツ・ドクター、スポーツ少年団の指導者、余暇生活開発士など多様な資格が設けられ、所管する省庁や団体などで養成と資格付与、研修が行われている。

資格を必要としない職種については、養成と研修は一般に多くの問題を抱えている。例えば、教育委員会の担当課（生涯学習課や社会教育課）の職員、公民館の主事や職員などは、とくに養成のシステムはなく、教育委員会の他課や首長部局から配置転換によって職務に就くことが多い。研修については、都道府県レベルや教育事務所、あるいは市町村レベルで実施されているが、その内容や時間数については明確な一律の規定がないため、ばらつきが大きい。また、担当して間もない人とベテランでは当然研修の内容やレベルでニーズが異なるが、実際にはきめ細かい設定で研修を十分に展開するのは難しい状況である。近年の財政状況や多忙化のなかでは、機会としては研修プログラムが設けられていても旅費などの確保や業務のやりくりが難しく参加が困難であるという事例もみられる。

職務としてではなくあるいはボランティアとして学習活動にかかわる支援者・指導者の場合には、養成・研修はさらに未整備の部分が大きくなる。ボランティアについては、ボランティアを募集し、活動の場を確保し、両者を結びつけることでのコーディネートの機能はある程度整備されてきたが、そのボランティアがどの程度の知識や技術を持って支援・指導を行えるか、学習者と接するときの態度や技能には問題はないか、などの点については必ずしも十分に把握できておらず、したがって必要な研修の提供も立ち後れているのが現状である。また、現状ではこのようなボランティアのコーディネートは社会福祉協議会や教育委員会などが担当しているケースが多いが、これらの部局のみならず大学をはじめとする教育機関や企業などが参画することにより研修がより効果的で専門性や高度性を持つものに整備していくことも必要であろう。

ＮＰＯにおいては、養成・研修のシステムはある程度整備されている。しかし、規模の小さな組織や経営基盤の弱い組織では、養成・研修を十分に行えないケースもある。その意味で、ＮＰＯ間の連携に加え、行政や大学をはじめとする教育機関などとの連携を推進し、研修機能の向上を図ることが有効であると考えられる。

参考文献

伊藤俊夫編『生涯学習の支援』実務教育出版、一九九五年

讃岐幸治・住岡英毅編著『生涯学習』（教職専門シリーズ10）ミネルヴァ書房、一九九四年

鈴木眞理・清國祐二編著『社会教育計画の基礎』学文社、二〇〇四年
鈴木眞理・松岡廣路編著『社会教育の基礎』学文社、二〇〇六年
廣瀬隆人ほか編『生涯学習支援のための参加型学習の進め方』ぎょうせい、二〇〇〇年
山本恒夫・浅井経子編『生涯学習〔答申〕ハンドブック』文憲堂、二〇〇四年

第8章　生涯学習の機会

1　公的な生涯学習の機会

生涯学習機会としての学校のあり方

現在、生涯学習の機会は多様化していると同時に、融合化してきている。最近の多様化・融合化した学習機会の内容をいくつかあげると、「子育て」「食育」「職業教育」「情報・メディア」などがあろう。これらの事項に関する学習機会は、家庭教育、学校教育、社会教育といった学校教育法や社会教育法でいわれる枠を超え、医療・保健、福祉、農林水産、環境、労働、放送文化、そして市民活動などといった教育以外の分野へと拡大されてきている。他方、二〇〇六（平成一八）年一〇月から導入された幼稚園と保育所を統合した形の「認定子ども園」にみられるように、統合の動きもみられる。賛否両論はあろうが、生涯学習機会の拡大、別の視点からすると拡散の状況を学習者の視点から各学習機会の独自性を活かしたうえで統合していくことが、生涯学習の機会を考える場合には今後は重要となろう。

教育以外の分野への生涯学習機会の拡散と統合の流れと並行して進行しているのが、生涯学習機会そのものの存在を揺るがす流れである。行財政改革の名のもと地方・地域分権、住民参画、市民活動振興と進展してきているなかで、公民館や図書館の外部委託だけではなく、教育委員会自体を廃止しようという動きもみられ、生涯学習機会が縮小し、市民活動に飲み込まれるのではとまで危惧されている。学校は生涯学習の機会を提供している。しかし、「生涯学習は社会教育と同義語、あるいは高齢者教育と同義語と捉えている教員が少なくない、あるいは学校教育は生涯学習に含まれていないと思われている」ということは社会教育関係者からはよく聞かれる。文部科学省は家庭教育、学校教育、社会教育の連携を充実しようと、学校教育法、社会教育法を改正してまで、生涯学習体系への移行を試みたが、現実には学校教育が生涯学習に占める割合は多大であるにもかかわらず、本来の生涯学習機関とはなりえていないというのが内実であろう。例えば、学習機会への参加者数からみても、学校が多大で基礎的であることは図8－1に示される通りである。

生涯学習機会の提供者としての学校への期待は大きいが、学校が生涯学習機関だとすると、生涯学習のどこをどう担うのであろうか。これまでいわれてきたように学習の基礎基本の徹底と学び方の学習の機関としての役割こそ学校本来の機関としての目的であろう。そして従来は不十分であったが、今後、重要視されてくるであろう内容が生涯学習の情報提供やネットワーキングの中心的機関としての役割であろう。一九六五年のユネスコの生涯教育理念の提唱を機会に、一九八〇年代後半からの臨時教育審議会の答申を受け、生涯教育の観点から学校教育と社会教育の連携・融合が唱えられてきた。二〇〇二（平成一四）年度から完全学校週五日制が導入され、小中学校では同時に、高等学校では平成一五年度から問題を自分で発見・解決する能力を身につけさせるための「総合的な学習の時間」が実施された。その結果、ゲストティーチャーの導入や地域体験学習など、学校開放が内容面で着実にすすんだ。しかし、生涯学習機会のコーディネーター機能をもつ学校はいまだにほとんどみられない。

一生涯発達の視点から、子どもに生涯学習の多様で異質な体験をくぐらせることにより地域や社会とかかわりながら、主体的な学習へと向かわせようという方向は必ずしも実現されているとはいえない。この総合的な学習の時間を典型とした「ゆとり教育」の方向も、低学力問題のクローズアップから、学力向上の重視へと教育の内容が変化してきている。「ゆとり教育」の目標である自己教育力の育成、言い換えれば生涯学習社会における自己決定的学習能力の向上へとは至っていないのではないかと思われる。子どもの自己決定的学習能力の向上のためにはクラスでの役割

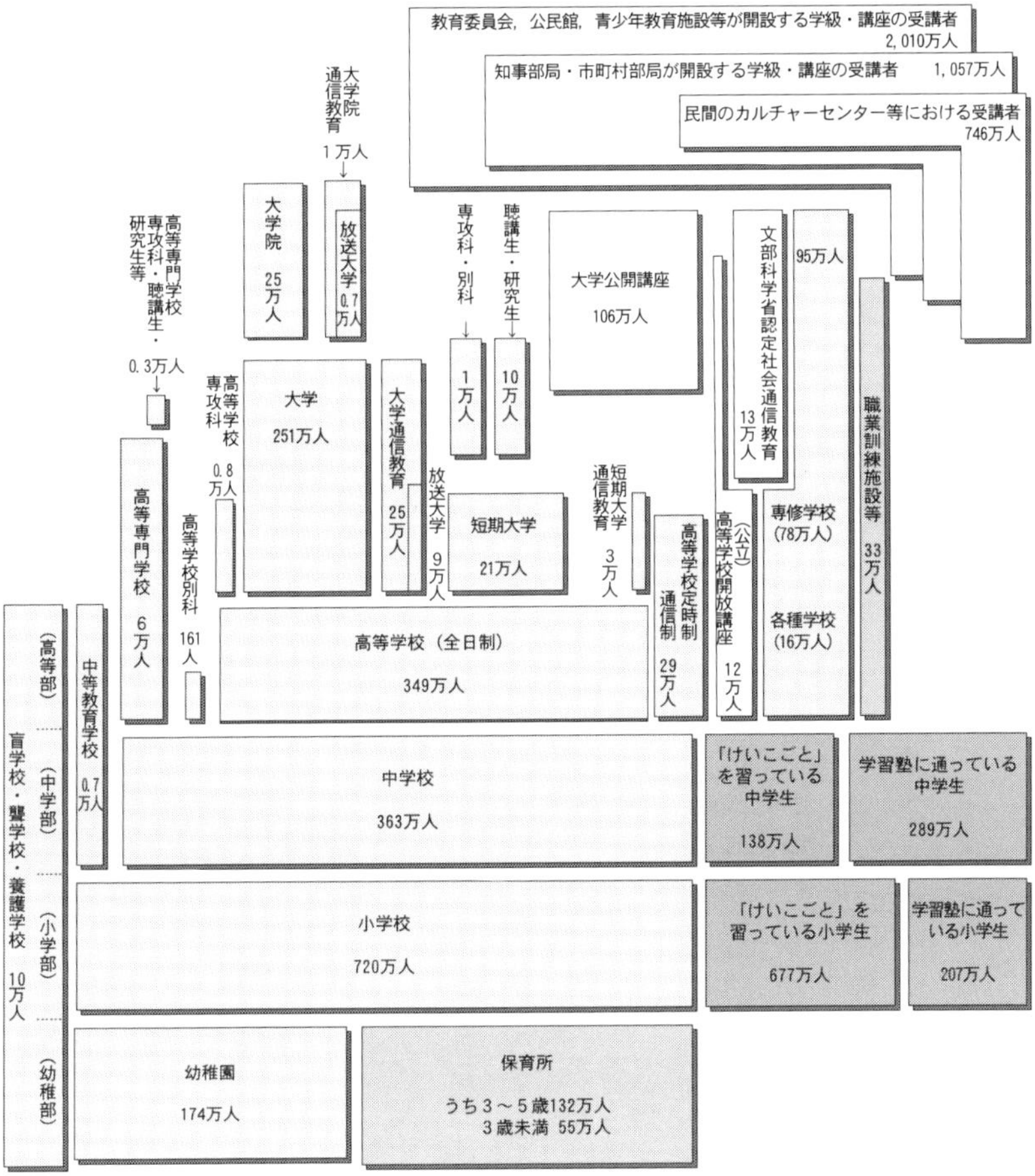

社会教育施設利用者（年間延べ数）

◆公民館（類似施設を含む。）
　2億2,268万人
◆博物館（類似施設を含む。）
　2億6,950万人
◆図書館　1億4,310万人

◆青少年教育施設　2,077万人
◆女性教育施設　332万人
◆社会体育施設　4億4,059万人
◆民間体育施設　1億5,672万人

（資料）文部科学省「学校基本調査報告書」（平成17年度），「社会教育調査報告書」（平成14年度），「平成5年度学習塾等に関する実態調査」等

図8－1　学習人口の現状　（『文部科学白書　平成17年度』）

を責任をもって遂行できる力の育成などの学習機会が求められよう。

各種の調査結果などからも学校教職員の生涯学習に関する理解は不十分といわざるをえないが、保護者や地域の人、そして専門家がかかわりながら、学力向上へ向けて家庭との連携を進めている学校も増加している。学校評議員の導入だけではなく、経営にまで意見を表明する（地域）学校運営協議会の導入も始まってきている。こういったことを契機として、学校と社会教育機関との連携・融合の意味や目的の理解を基本事項とし、成果をアピールしながら、気楽に話し合える雰囲気を、まず創っていくことが求められる。住民参画型の学校を含めた地域教育協議会のような団体の設定や組織化が必要であり、そのための柔軟で有効な規約や事業内容が必要であろう。今後は子どもの自己決定的学習能力の育成の観点から、子どももその年齢段階に応じて学校に参画できる体制を整えていくことが求められよう。その際、具体的・現実的な共通目標や各々の目標を設定し、役割や責任の確認をしていくことが求められる。危機管理さらには守秘義務や情報提供、公開・相談、そして総合的評価、フィードバックといったことへの留意が重要となろう。今後は生涯学習にかかわる機関としての学校が、生涯学習機会の提供事業を展開できるようにするためのモデルプログラムの収集・整理・開発・提示が求められる。

生涯学習機会の提供の場としての学校に今後求められるのは、コミュニティの生涯学習機会の拡充拠点としての組織づくりの機能であろう。子どもの安全確保に配慮したうえで、学校施設を体育館やグラウンドだけではなく、図書室や家庭科室・音楽室等、放課後や週末、子どもが利用しないときには授業中にも開放していくことが必要である。現在、いくつかの学校では、子育てサークルと協力して家庭科の授業中に実際の乳児と接する機会やプログラムを実施しているが、授業時間としてカウントしていくための工夫が重要となろう。生活科や総合的な学習の時間などを活用して子どもの時から地域を身近に感じ、地域の課題を自分自身の課題として感じ体験できる機会の提供が求められる。

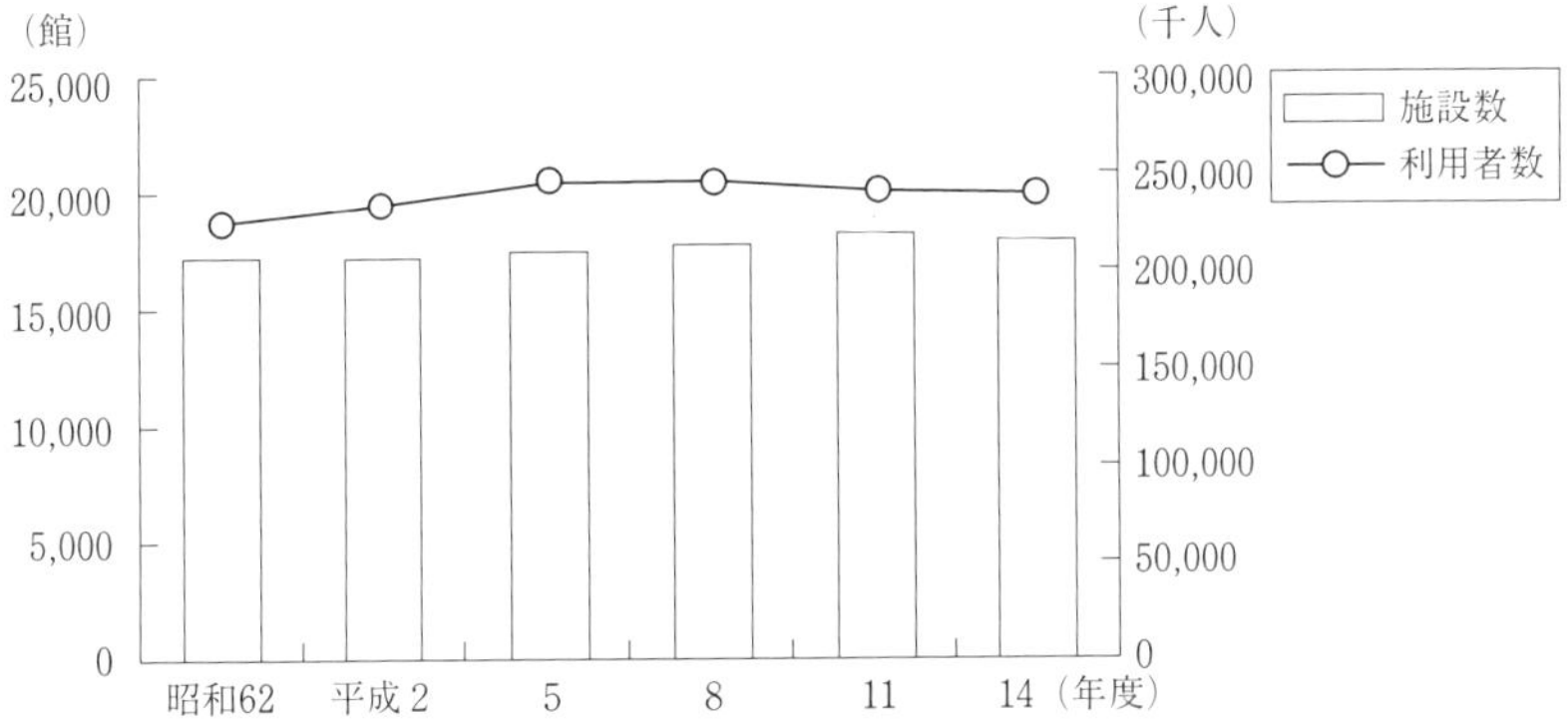

図８－２　公民館数と利用者数の推移（『文部科学白書 平成17年度』）

今後は各学校に生涯学習担当の教員が一人は必要であり、本来の意味での生涯学習機関としての学校が改めて問い直されている。

公民館の再評価

図８－２にみられるように公民館数は二万館近くにのぼり、延べ二億人超の人びとが学習している。多様な社会教育の機関が存在するなかで、公民館は日本独自の生涯学習の機会を提供してきた。社会教育法第二〇条では「公民館は、市町村その他一定区域の住民のために実際生活に即する教育、学術及び文化に関する各種の事業を行い、もつて住民の教養の向上、健康の増進、情操の純化を図り、生活文化の振興、社会福祉の増進に寄与することを目的とする」と謳《うた》われている。公民館を提案した当時の文部省社会教育課長である寺中作雄は、人権と平和が守られる国家のためには、文化振興のなかでも生活文化を重視し、主体的に行動できる「公民」の育成を期待して公民館を構想したといえよう。

地域住民が学習機会を主体的につくり出していくことが公民館の使命であり、現代的な地域課題の解決の過程が学習機会として組み立てられていくことが求められる。公民館の行うべき事業としては、(1)定期講座、(2)討論会、講習会、講演会、実習会、展示会等の開催、(3)図書、記録、模型、資料等の整備と利用、(4)体育、レクリエーション等の集会、(5)各種の団体、機関等の連絡、(6)住民の集会、その他の公共的利用、である。

コミュニティセンターへと名称を変更したり、外部委託がすすむなか、公民館は上述（の社会教育法）の法律に明示されるように単なる貸部屋や集会所としての施設ではなく地域の生涯学習の中心的組織となることが責務とされてきた。生涯学習に関する機関、なかでも最重要の社会教育施設の一つが公民館であることに異を唱える者はいないであろう。先述の図8－2にみられるように学習人口の現状においても公民館を利用する延べ人口は約二億一〇〇〇万人と人数的に学校教育に匹敵している。それだけではなく、図8－2の施設数の推移からも公民館が生涯学習機関として重要な役割を担っていることが明確である。

個人主義化、悪くいえば利己主義化が進む社会風潮のなか、二〇〇三（平成一五）年三月の中央教育審議会答申の柱の一つとして、新しい「公共」の創造、国家・社会の形成に主体的に参画する日本人の育成ということが提言された。現在、自由と自律に留意したうえで社会を形成する主体的な個人の育成が課題であると同時に社会の形成に参画する権利と義務の双方をわきまえた「公」の意識を育てることが求められている。

参画する人材の育成は身近な存在である公民館の重要な役割である。社会や地域の現状とその課題の分析を緻密に行い、公民館職員の指導・助言を強化し、協働した事例の分析などを行いモデルを示していくことも必要であろう。

コミュニティづくりの基本も人づくりであること、コミュニティづくりと公民館のかかわりが不可欠であること、関係職員が地域課題を共有していく過程の緊要性、地域の最大の教育力の中核である公民館のかかわりの重要性に関する改めての基本的な事項の提示が求められよう。

2　生涯学習機会としての職業教育

キャリア教育の課題

学習機会としての職業教育は人生設計の視点と同時に、体験型のものへと変容してきている。わが国の産業構造は、戦前から現在に至るまで、第一次産業から第二次さらに第三次産業へと、重点を移してきており、第三次産業の人口割合は近年まで上昇を続け、一九九〇年代には六〇％を超えている。そうしたなかでも地域や都道府県による産業別人口率や職業教育のちがいがみられる。

現在、生涯学習の機会として職業教育の体系化が強く求められてきている。働く意欲のない若者であるニート、アルバイトやパートで生計をたてる若年層であるフリーター、早期離職等は増加の一方といわれる。そうしたなか、勤労観、職業観を成熟させ、初等中等教育段階において生涯学習機会の視点から職業教育を組み直すキャリア教育の充実が図られてきている。職場体験の推進は各学校においても拡大の傾向にある。実施率は年々上昇し、二〇〇四（平成一六）年には公立（全日制）中学校全体の八九・七％（『平成一七年度文部科学白書』）となった。今後の職業教育においては現場体験や職場重視をとり入れ、自己の職業設計や適性を考える機会を与える必要がある。それによって生徒が保護者や先生以外の大人と接触する貴重な機会や、異世代とのコミュニケーション体験ができ、学習意欲や自己肯定感の向上という成果が期待できる。学校での学習が将来にわたっての職業や職業教育においてどんな意味をもつのか、生涯学習の視点から検証していくことが不可欠である。

社会との関係のなかで生涯学習機会としての職業教育が問われるなか、職業は必ずしも賃金を得るためだけのものではない。自分の個性や適性を活かす自己実現の場となったり、一人の市民・大人として全体社会に貢献する自由・

権利と義務・責任を実感させる機会でもある。青少年への職業教育・キャリア教育は、職場や企業人との出会いふれ合い学び合いといった現実世界の学びを促進するものである。職業教育の前提となる学ぶ意欲や労働の喜びの感性、責任感などは幼児の頃から体系的に遊びや生活のなかで育まれるべきものである。職業教育において子どもたちに現実や現場にふれさせる場合、基礎・基本との相乗的な学びとなるキャリア教育のさらなる研究・開発が緊要であろう。

日本型企業内教育における生涯学習の機会

現在、企業は即戦力を求める風潮があるといわれている。文部科学省、教育委員会による学習機会としては職業教育は従来、十分提供されていたとはいえず、厚生労働省等に委ねていたというところもあろう。しかし、今後は相互に連携・融合しながら、職業に関する力量を実際的に高める生涯学習の機会として捉えることが求められてきている。わが国の職業教育（訓練を含む）の中心はやはり、職業従事後であり、大半は企業内教育である。明治以来、欧米に追いつけ追い越せ、富国強兵のかけ声のもと、産業振興のための人材育成に重点がおかれた。江戸時代の寺子屋の教育の普及という前提もあり、教育は産業だけではなく、様々な国力の発展に着実に寄与してきたといわれる。産業振興、職業能力の育成のために国家や社会が統制的にかかわることが可能であったといえよう。その後、第二次世界大戦後、新しい憲法のもと、敗戦から復興し、一九六〇年代に技術革新や高度経済成長、そして都市化・核家族化が進展し、一九七〇年代には石油危機を乗り越え、一九八〇年代には職業的安定の時期、一九九〇年代にはバブルが崩壊し、不況の長期化がみられた。二〇〇〇年代には経済や職業分野のみでなく、職業教育・キャリア教育を根本で支える学力を含め様々な意味での二極化が進展してきているといえよう。

農業などの第一次産業から、商工業の第二次三次産業へと移行し、とくに最近では「ソフト化」「サービス化」が情報化との関連で進んできている。一九九〇年代以降の高度情報化社会のなか、コンピュータ化、とくにインターネットが普及し、企業活動の国際化への対応が職業教育でも求められるようになってきている。職業教育の大きな流れは、主として青少年期に完成される基礎的職業教育・企業内教育からリカレント教育の拡充も含めた生涯学習・開放教育型のものへと移行してきているといえよう。こういった欧米・契約型の競争主義的な生涯学習の機会提供がわが国の職業教育にどの程度適合するのか生涯学習の視点からの論議が必要であろう。生涯学習の視点でいえば、文部科学省・教育委員会分野での仕事や資格に結びついた事業の重視が厚生労働省や経済産業省との関係の調整も含め、実践化の段階へときているといえよう。

前述の年功序列・終身雇用の慣行のなかで、はたして、継続的な職業教育が主体的に個々人が学べる機会として保障され、生涯学習の成果の蓄積となり将来の生活設計や力量形成へとつながるキャリアとなっていくのかという課題がある。

わが国における企業内での学習機会は企業規模、対象、職種等によって多様であるだけではなく、企業の風土や企業の技術蓄積過程あるいは秘密事項としてオープンにされにくい部分もあり、その内容を一般化することは難しい。それでも一般化してみると、総合職といった幹部職員候補者は、新入社員教育後、社内の多様な部署で学ぶ。すなわちその職業に従事しながら学んでいくオン・ザ・ジョブ・トレーニング＝ＯＪＴ（on the job training）という方式が多い。社内に職業能力開発短期大学校を設置して高度の職業教育を行う企業もあるが、一般に技能職では先輩などによりＯＪＴで学んでいくことが多い。

高度情報化などに伴い、企業を離れての集合職業教育であるオフ・ザ・ジョブ・トレーニング＝Ｏｆｆ－ＪＴ（off the job training）が重視されたが、全体的には、系統的・継続的な教育は多くはないといえよう。一般的には企業の教育の今後の課題は、公平で公開的な成果主義と人材育成との連動ではないかと思われる。競争主義的な風土のなかで結果だけを求めることは、長期的にみると結果を早急に求めすぎる傾向を生じさせる。そのため、相互に従業員が育ち合い高まり合うという支え合う風土づくりの視点の導入が競争的な成果主義にも求められるからである。今後、大きな流れとしては日本の企業内教育は集団調和型から個人調和型へと向かうのであるが、日本の企業が有してきたプロジェクト型の支え合う風土で成果を出していくための職業教育とどう融合させていくかがキーとなろう。

現在、実施されているNPO等が民間コーディネーターとして職業教育を行う地域自律・民間活用型「キャリア教育プロジェクト」は、地元産業界、教育界、自治体、PTAなどが連携し一体となっていくという方向性をもっている。

本格的な協力体制はこれからとしても、チャレンジ力、判断力、行動力、表現力等のビジネス能力・スキルの醸成を図るという意図の一端は成果として生まれたといってよいであろう。今後は、実践的なネットワーク化と協働化をどう図っていくかが問われよう。

3　生涯学習機会提供者としてのNPO

生涯学習の統合的な機会は多くの場にみられる。統合的な取り組みとして、サービス・ラーニングがある。アメリカやイギリスなどでは、学校教育と社会教育を融合させて、学校で学んだことでボランティアや社会貢献が行われ、わが国でもいくつかの学校や地域で取り組まれてきている。市民活動の活発化は確実に進展してきており、一九九八（平成一〇）年に「特定非営利活動促進法」（通称NPO法）が施行された。NPO法の目的は「特定非営利活動を行う団体に法人格を与えること等により、市民が行う自由な社会貢献活動の健全な発展を促進し、公益の増進に寄与すること」である。一万を越えるNPO法人が生まれ、法人数はさらに現在も増加している。他方、NPO活動を市民相互で行っていくなかで、学び合いが生じることも多く、これを生涯学習の機会として捉え、展開されることも期待される。

ＮＰＯの活動内容は多岐にわたるが、いずれも市民の参画的活動による現代的な課題の解決をめざすものである。1「保健、医療又は福祉の増進」、2「社会教育の推進」、3「まちづくりの推進」、4「学術、文化、芸術又はスポーツの振興」、5「環境の保全」、6「災害救援」、7「地域安全」、8「人権の擁護又は平和の推進」、9「国際協力」、10「男女共同参画社会の形成の促進」、11「子どもの健全育成」、12「情報化社会の発展」、13「科学技術の振興」、14「経済活動の活性化」、15「職業能力の開発又は雇用機会の拡充の支援」、16「消費者の保護」、17「前各号にかかげる活動を行う団体の運営又は活動に関する連絡、助言又は援助」の一七の分野がＮＰＯ法人の活動とされている。

ＮＰＯは多様で捉えにくいという指摘がなされるなか、従来の生涯学習にかかわる団体と重なるものもあるが、学習や教育とは直接関係しないものもある。いずれにしろ、組織開発や学習活動で多用されるワークショップは現在学校教育などでも多く取り入れられるようになってきており、参画型の学習活動として、主体的な市民の学習機会提供・育成の重要な手法の一つとなってきている。参加時の雰囲気づくりや参加者自身が体を動かしての活動、気づきや振り返りに注目した共感・共有の過程は、各種の生涯学習機会提供の場で有効活用されてきている。

全国的には格差が大きく多様であるが、神奈川県大和市、神戸市、千葉県市川市など市民活動を支援する条例を制定する自治体も出てきている。生涯学習にかかわる組織としてのＮＰＯの真価が問われるのはこれからであろう。ＮＰＯ自身が提供する学習機会はますます充実してきているというのが現状であろうが、そうしたなかで、独自の取り組みの一つとして福岡県宗像市の「むなかた市民フォーラム」があろう。「むなかた市民フォーラム」は高校生を含む多様なメンバーが、約三分の一を占める宗像市の行政職員のメンバーとともに、生涯学習にかかわるＮＰＯ等の支援にあたっている。

子育て分野での取り組みの統合化が叫ばれるなか、例えば生活習慣を改善していこうとする場合、家庭教育の部分が大きい。しかし生涯学習の機会としてそのまま行政や学校が家庭に強制したり、直接家庭教育を行うことは難しく、PTAが主導したり、NPOと協働する形によりその実現の可能性が高まる。他方、生涯学習では直接、学校等に比べ子どもたち全員に働きかける場が限定されていたり、財政基盤や情報提供の機会が不十分であったり、組織の維持発展に苦労があったりと課題も多くみられる。組織の葛藤はむしろ肯定的に捉えるべきであろう。しかしすでに多くのNPOが崩壊・消滅していることからも、情熱をもって、その夢や目的をNPO全体で継続していくことは、容易ではないことがうかがわれる。そこには、これまでいわれることはあまりなかったが、生涯学習の組織としての視点や、社会教育が蓄積してきた学習活動を中心に地域に根ざしたノウハウを活かすことが必要であろう。NPOの活動は一般に財政基盤が脆弱であり、今後は行政からの基礎的な支援だけではなく、税制面での優遇措置を含め寄付等の制度や文化を育んでいくことが求められ、このこと自体も生涯学習の機会提供といえよう。

参考文献

井上豊久・小川哲哉編『現代社会からみる生涯学習の論点』ぎょうせい、二〇〇三年

今西孝蔵『21世紀の宝　生涯学習』学文社、二〇〇一年

鈴木眞理・津田英二『生涯学習の支援論』学文社、二〇〇三年

文部科学省編『データからみる日本の教育二〇〇五』二〇〇五年

文部科学省編『平成一七年度文部科学白書』二〇〇六年

第9章　生涯学習と学校

1　学校教育の特質

教育すなわち学校?

「一〇人中九人までの考え方では教育すなわち学校である。それは教育課程、教育方法、専門的職員といったもので定義され、特別の世界を形づくる、一種特別な事業である」。

生涯教育の提唱者、ポール・ラングラン（Lengrand, P.）は、人びとが、教育と学校教育とを同一視してしまうほどに学校中心となっている教育の現状について、このように述べた（ポール・ラングラン著、波多野完治訳『生涯教育入門　第一部』全日本社会教育連合会、一九八四年再版、六五頁）。そのうえで彼は、「もし教育が、個々人の全生涯にわたって、そしてそのあらゆる次元においてわれわれがこれまで述べてきたような役割を果たさなければならないなら、明らかにまず必要なことは教育が学校という枠から抜け出し、余暇に属するものであれ労働に属するものであれ人間活動の場のすべてを占めるようになることである」（同前）という。生涯教育の実現のためには、教育が学校教育という限定された領域に閉ざされることなく、人間のあらゆる生活領域で、固有の教育機能が発揮されねばならないことを強調したのである。それは、学校教育が、生涯教育のサブシステムの一つとして位置づけ直されねばならないことを意味し、生涯学習という視点から、今後のあり方が問われているということでもある。

ではなぜ学校教育は、それ以外の教育に比べ、教育として、より注目を浴びるようになってきたのか。たしかに今日、学校は、幅広く普及し、私たちの人間形成にとって強い影響力をもつ存在であり、また、社会的にも重要な役割を担っているようにみえる。その学校教育の特質はどのようなものであるのか。まずはそこから捉え直してみたい。

教育の三類型にみる学校教育の特質

今日一般に、教育の全体的構造は、教育パターンのちがいにより、フォーマルな教育（formal education）、ノンフォーマルな教育（non-formal education）、およびインフォーマルな教育（informal education）から構成されるものとして捉えられている。この三類型を手掛かりに、他の部門との対比を通して、学校教育のもつ特質を把握してみよう（伊藤俊夫編『生涯学習・社会教育実践用語解説』全日本社会教育連合会、二〇〇二年、一四、一四二、一五一頁、および、経済協力開発機構編著『図表でみる教育ＯＥＣＤインディケータ（二〇〇六年版）』明石書店、二〇〇六年、四四九―四五〇頁参照）。

a　フォーマルな教育

学校教育に代表される、組織化された意図的、継続的な教育活動を意味する。教育活動の目的・内容・方法に関して一定の基準があり、基本的な部分で全国共通の教育活動が行われるという特質から、「定型的教育」と訳される。フォーマルな教育によって達成された学習成果は、試験等による評価を経て、卒業証書や免許状の交付に結び付き、社会的流通価値をもつ。

この関連で、「学校」とは、一定の教育目的の下で、教育法規や指導要領の規定する基準に従って選択・配列された教育内容を、免許・資格をもつ教師が、年齢段階別に編成された学習者集団に対して、フルタイム（全日制）就学を基本として、組織的・計画的に教授するところ、またその施設であるといえよう。わが国の学校教育法第一条は、「この法律で、学校とは、小学校、中学校、高等学校、中等教育学校、大学、高等専門学校、盲学校、聾学校、養護学校及び幼稚園とする」（なお、「学校教育法等の一部を改正する法律」（二〇〇六〈平成一八〉年六月二一日公布、二〇〇七年四月一日施行）により、「盲学校、聾学校、養護学校」は「特別支援学校」に改められた）と規定している。また、学校教育法においては、このいわゆる「一条校」とは別に、専修学校と各種学校が規定されている。

b　ノンフォーマルな教育

学校教育の枠組みの外で組織化された意図的、継続的な教育活動を指す。その対象は年齢を問わずすべての人であり、特定の型にとらわれない多様で弾力的な形態をとるところに特徴があり、「非定型的教育」と訳される。教育委員会や公民館等が行う学級・講座、大学等の公開講座、各種社会教育関係団体が行う教育活動、民間教育産業や各種教授所が行う教育事業、一般行政に付随する教育関連諸事業、企業のオフ・ザ・ジョブ・トレーニング＝ＯｆｆｰＪＴ（off the job training）等が該当する。学校外教育（out-of-school education）の類義語であり、わが国では、広義の「社会教育」にあたる。

c　インフォーマルな教育

組織化されていない、非継続的な教育活動であり、日常的経験や環境から知識、技能、態度等を獲得する過程である。これには、学習者が意図するもの（読書のほか、短期講座への参加を例示している例もある）とそうでないもの（偶然あるいは日常生活中に副次的に発生）がある。「不定型教育」あるいは「無定型教育」と訳される。教育活動のための特別の組織をもたず、教育活動と直ちにはわかりにくい形態であるところに特徴がある。家庭教育や職場でのオン・ザ・ジョブ・トレーニング＝ＯＪＴ（on the job training）などが該当する。なお、インフォーマルな教育を、意図的な教育活動、ないしはある程度安定した教育的な影響力を有するものに限定し、偶発的学習（incidental learning）とは区別する捉え方もある。

学校教育を典型とするフォーマルな教育、社会教育型のノンフォーマルな教育、そして家庭教育を含むインフォーマルな教育は、それぞれ人間形成において重要な役割を担っており、ほかでは代置できない独自の特質と存在意義を有している。学校教育も社会教育も、ともに組織化された教育活動であるが、組織化のパターンが異なっている。組織化されていないインフォーマルな教育は、組織化された教育の、いわば土台としての役割を果たしており、これなくして、組織的な教育も十分には機能しがたい。ところが、多くの場合、フォーマルな教育たる学校教育は、正規の教育として、特別に重要な位置づけを与えられる傾向がみられる。では、今日の学校教育について、その制度や機能の面から、さらに詳しくみていきたい。

2　学校と学歴社会

学校教育制度とその機能

今日、私たちが通う学校、すなわち近代学校教育制度における学校は、工場や病院といった制度とともに、西欧の近代社会が生み出したものである。

欧米の学校教育制度をモデルとした、一八七二（明治五）年の「学制」頒布以降、わが国の教育制度は、新たに国民全般を対象とする公教育としての学校教育を中心に、国家的規模で整備され、発展してきた。近代学校教育は、この百数十年の間に、急速な普及・拡大を遂げたのである。明治以来、わが国の近代化や社会経済の発展を、各時代の要請にそった人材養成という面から支えてきたのが、主としてこの学校というシステムであった。

教育システム（educational system）とは、「社会成員の育成を通じて当該社会とその文化の再生産の機能を果たすべく組織され制御されている諸要素の集合」をいい、「文化を伝達し成員を社会化するという機能だけでなく、社会的選抜・配分の機能および正当化の諸機能をも果たしている。正当化機能には、学歴資格の付与と学歴エリートの形成、能力の定義と証明、知識の管理などがある」(「教育システム」『社会学小辞典〔新版〕』有斐閣、一九九七年、一一六頁)。そして、「近代以降の社会では、その中核をなす実体的装置として学校システム(school system)がフォーマルに組織され制度化している」(同前)。近代以前の封建的身分制社会から民主的な近代社会への移行にともない、社会的機構として学校教育制度に与えられた重要な機能について、本田が分かりやすく解説している。

「近代社会」とは、人々を「生まれや身分」といったん切り離した上で、改めてその「資質や能力」に従って社会の中に配置し直すようなしくみ=機構を、全社会的な規模で整備した社会である。そしてこのような選抜と配分のための社会的な機構として中心的な位置を占めるのは、いうまでもなく学校教育制度である。学校教育制度は知識や技能の形成の場であると同時に、広い底辺としての初等教育と頂点としての高等教育から成るそのハイアラーキカルな構造と、それが交付する教育資格(学歴)を通じて、個々人が社会の中で到達することができる地位を定義する。「近代社会」においては、共通の標準化された教育内容を教える学校教育制度を、すべての個人が人生の初期において通過する。その間にどれほどの学習成果を獲得できたかということが、個々人のもっとも基礎的な「業績」として、人々のその後の社会的位置づけが決定される際に常に参照される。教育内容が標準化された共通のものであることにより、学校教育制度が人々を選抜・配分するはたらきは「平等」と「公平」を主張しうるものとなる。「平等」で「公平」であるということは、そのような選抜・配分のしくみ、ひいてはそうしたしくみを打ち立てている社会そのもののなりたちが、「正当」で「合理的」であるということにもつながる。

(本田由紀『多元化する「能力」と日本社会』NTT出版、二〇〇五年、九―一〇頁)

社会化機能は、学校のみならず、ともに教育システムを構成する家庭や地域社会、社会教育機関等によっても担われている。しかし、近代社会は、とりわけ学校教育が果たす社会化機能に、「学歴」を介して、社会的選抜・配分機能および正当化機能を強力に結びつけることで、学校教育制度に中心的な位置づけを与えてきたことは重要である。

学歴社会の形成とその弊害

一八世紀から一九世紀にかけて近代的な官僚制度が成立し、試験による行政官僚の任用が始まり、また、医師や弁護士、教員等の専門的職業についても試験の制度が導入されていくとともに、そうした社会的に高く評価される職業に就くための基礎資格として、学歴の重要性が高まっていった。学歴は、特定の職業的地位の獲得手段となる。その後、学歴を付与する学校制度が発展・拡大するにつれ、ますます多くの人びとに何らかの学歴を付与するようになる。他方では、社会の官僚制化の進行とともに、官僚や専門的職業に限らず、企業等、他の様々な組織の職業についても、人びとのもつ学歴が、採用や任用の基礎的な資格条件となっていく。こうして、近代産業社会の成立以降、職業的地位をはじめ、「人間の社会的地位や収入、さらには人物の評価までが学歴によって決められる社会」(『広辞苑(第五版)』岩波書店)、すなわち「学歴社会」が形成されていく。

この「学歴社会」という用語は、先進産業社会がほぼ成熟段階に達する一九六〇年代以降、広く使われ始める。しかしその背景には、受験地獄とも呼ばれるような、より高い学歴を求めての競争の激化をはじめ、社会の学歴社会化がもたらす様々な病理現象が、深刻な問題となりつつあったことが、指摘されねばならない。ともすれば、学びの目的は、受験というただ一点に収斂されていく。教育活動において試験合格のための効率性が徹底的に追求されるなか、学校教育の内容は実際の生活や労働から乖離したものとなり、今なぜそれを学ばなければならないのかという、学習者にとっての意味づけを与えることが困難になっていく。

学歴自体は本来、努力によって手にした「業績」の要素が強いとはいえ、その獲得には、出身階層や親の経済力といった「属性」によって影響される部分がある。また、わが国ではとくに、同じ学校段階でも、どの有名校を出たかという「学校歴」が重視されがちであり、ひとたび獲得された学歴が、その後一生固定化して、実際の能力や実力とは乖離した、いわば新たな身分のように「属性」化する性質を帯びている。このようなことからも、「学歴社会」に対する疑念や批判、不満も生じてきていた。

一方、必ずしもかつてのように、高い学歴が、一生安定的に過ごせることを約束してくれるとは限らない状況も生じつつある。社会・経済のグローバル化が進展するなか、産業構造の変化や雇用の急速な流動化により、就職や就業をめぐる環境が激変している。企業は、コスト削減や経営の合理化を余儀なくされ、従来の終身雇用や年功序列型賃金体系の見直しをすすめている。いったん就職した後も、より高度で新しい職業上の知識・技能を絶えず身に付けていく必要性がますます高まり、しかも今日の厳しい経済状況の下、企業には長期的視野に立った教育訓練の余裕がなく、個々人に生き残りのための自助努力が求められることになる。今や、たとえ大企業に就職できても、企業倒産やリストラによる失業の危険がないわけではない。

さらに、「ポスト近代社会」化が進行するなかで、学歴も、「それだけでは、社会の中で自分の立場を、それもできるだけ望ましい立場を確保する上で、十分ではなくなってきている」（本田、前掲書、二六頁）のであり、テストを用いて測定できる従来の標準的で定型的な「能力」に加えて、「意欲や独創性、対人能力やネットワーク形成力、問題解決能力などの、柔軟で個人の人格や情動の深い部分に根ざした諸能力」（本田、前掲書、まえがき）が、いっそう明示的な形で要請されつつあるとの指摘もある。とはいえ、「学校教育における知的な側面での学習成果（「学力」）およびその証明としての教育上の履歴（「学歴」）は、いまだ社会的地位の選抜・配分において重要なものであり続けている」（本田、前掲書、二五―二六頁）ことは事実であろう。

「学歴社会」という問題については、「人々の態度や価値観」と「学歴が大きな利益をもたらすような制度やシステム」の両方が、原因として指摘されている（岡本薫『行政関係者のための 新訂 入門・生涯学習政策』全日本社会教育連合会、二〇〇四年（新訂版）、四八―四九、七一―八〇頁）。前者としては、「教育を重視する伝統」や「同質的社会において『人並み』を求める傾向」などが、また後者としては、「日本の労働市場の在り方」（卒業予定者優遇＝

既卒者冷遇や、新卒一括採用などの「システム」のために、雇用者側にとって、「学歴」で選別することが長期的に見て最も経済的・効率的であること）や、「企業内の人事システム」（学歴に基づく昇給・昇進制度など）があげられる。岡本は、教育や学習を所管する行政が何らかの施策を実施しうるのは、主として「能力や学習成果の評価（測定・表示）システム」であるとしている（岡本、前掲書、七一頁）。現在の「学歴社会」とは、「学歴でしか能力が測定（推定）されない社会」であるため、人びとの能力について、「学歴以外の評価システム」を増やしていくことが必要である。具体的には、人びとの能力や学習成果――とくに学校外での学習成果を、それぞれの分野ごとに詳細・正確に「測定・表示」できるような技術・システムを開発すること（例えば、種々の能力についての検定制度、資格制度、技能審査制度等の整備）が重要である。また、学校教育を修了したことに対する評価が確立していることを利用し、学校外の学習活動のうち高度なものについて、その成果を大学などで「単位認定」していくことなどにより、学校教育と同等の水準にあるということを示すような仕組みをつくり、適切な評価を行うという「間接的方法」も示されている。しかし、各種資格制度等についても、その弊害が生じない状態が実現できるかどうかは、「どんな『システム』を作るのか――誰が、何を、どのように測定し、どのように表示するのか、また、その結果を、誰が、何のために、どのように利用するのか――という問題にかかっている」（同前、八〇頁）。

3　生涯教育論と学校

伝統的な教育システムの限界

従来の教育観においては、教育は、人生のごく初期の段階である青少年期に、将来実社会に出て独り立ちするための「準備」として、学校という場において行われるものであり、学校卒業をもって終了し、その時期に受けた教育がその後の一生涯通用するものと考えられてきた。伝統的な教育システムも、正規の教育機会が人生初期の限られた期間に集中的に配置された、「フロント・エンド・モデル」にデザインされている。よって、若い時期に学校教育において十分な成果を上げられなかったり、進学の機会を逸してしまった場合、たとえ成人になってから学習の意欲をもったり、学習の必要に迫られたとしても、再び学校に戻って学ぶ機会はきわめて限られている。国民すべてを就学させ「チャンスを平等にしたのではなく、チャンスの配分を独占してしまった」(イヴァン・イリッチ著、東洋・小澤周三訳『脱学校の社会』東京創元社、一九七七年、三二頁)ともされる学校教育は、学齢期の子どもや若者だけに占有されていて、こうした成人には、学校教育の「第二の機会」(second chance)は与えられなかったのである。チャンスは一度限りというプレッシャーのなかでの就学期間は徐々に長期化し、学校は、抑圧的・強制的性格を強めた。

上述のような教育観を生み出し、定着させ、また、そうした教育観に支えられて自らを維持・拡大してきた伝統的な学校中心の教育システムであるが、今日、学歴社会の弊害という面においても、また、社会の様々な分野における急激な変化への対応、そして、いじめや不登校、暴力行為等の問題という面でも、まさにその限界を露呈してきている。とりわけ、学校教育の量的拡大が頂点に達した一九六〇年代中頃から、現行教育システムの中核たる学校教育そのものが行き詰まり、機能不全に陥っているとの認識が急速に広まった。学歴社会の弊害を是正し、社会の変化に的確に対応するとともに、相互に複雑に関連しあった諸問題を解決するには、個々の問題への個別的・部分的な対処法では、もはや立ち行かないところまできている。そこで、学校中心の考え方を抜本的に改め、生涯教育という新しいパラダイムの下に、教育システムの総合的再編成を図ることが、不可避的課題とされるに至ったのである。

生涯教育の展開と選抜・配分の問題

ラングランは、教育の真の意義は、「博識を獲得することではなく、自分の生活の種々異なった経験を通じてつねによりいっそう自分自身になるという意味での存在の発展」であり、教育の実際の任務は、「•人間存在を、その全生涯を通じて、教育訓練を継続するのを助ける構造と方法を整えやすくすること。•各人を、彼が、いろいろな形態の自己教育によって、最大限に自己開発の固有の主体となり固有の手段となるように装備させること」であると、生涯教育の理念を論じている（前掲『生涯教育入門 第一部』四九頁）。しかし、「生涯教育の展開は、選抜という障害につきあたっている。（中略）つまり卒業証書や試験のせいで、学校教育のいろいろな局面で選別が行われて、そしてその最終段階では、もっと鮮明で決定的なしかたで、教育体系の有資格者と無資格者、『選ばれた者』と『拒否された者』の選別が行われるのである。最もとりかえしのきかないやり方で成功と失敗とが制度化されているわけである」と、ラングランは述べる（同前、五六頁）。彼はまた、「じじつ、成績《メリット》という庇護の下に、新しい特権が創設されているのである。そしてそれは、家柄とか富が、成功の唯一の基準であった過去よりもより巧妙に隠ぺいされている」（同前）とし、さらに、「カリキュラムや教育方法上の革新も創意も、試験の暴虐によって強くブレーキをかけられている」と指摘する（同前、五七頁）。「しかしそれにもかかわらず、選抜や分業や仕事の配分」は「不可避なもの」であり、「この点が、生涯教育に関係ある諸考察や諸行動の中心にあるものである」（同前）。「教育体系を開放的なものとして維持すること」、また、「競争の圧力のもとで、工業や農業や行政の側の諸必要（そして家族的諸願望）と、機会均等や、各人のその性質や野心や天性に従っての調和ある発達という公認された目標とを、調停すること」は、いかにして可能か——そこに問題の核心があり、この問題の解決は、教育や教育学を益するのみならず、現代社会の精神や構造や機能に影響を与えるものである（同前）。ラングランは、「明確なのは、資格修得学習や教育訓練や再教育に関して人々に提供されている諸可能性の展開こそ、真の具体的な民主主義の諸原理に合致する機会均等化を促進するために課せられる諸解決策の、必要不可欠な部分をなすということである」（同前）と、成人教育の展開における資格取得制度や継続教育・訓練の拡充・整備の必要性を示唆している。

青少年の教育と成人教育との統合

ラングランは、生涯教育政策の目標の一つとして、成人教育の発展を掲げるとともに、「成人教育諸構造の拡大された配置が存在しないと、基礎教育の本気な改革などありえない」（前掲『生涯教育入門 第一部』、九五頁）としている。他方、ラングランは次のようにも述べる。「成人教育の主役」たる「大人がもし子ども時代に勉強や進歩の途にソッポを向かせるような、あるいは教育的過程の継続性を意味する勉強と努力の態度へと適度に訓練しないような教育を受けたのであれば、彼は肝腎な点で成人教育に関してはだめになるといった結末を引き出すことができる」（同前、八八頁）。とすれば、「成人教育のための推進行動の規模や強力さが何であれ、それが成功しうるのは、子どもや若者たちのための初期の段階の教育の構造、カリキュラムおよび教育方法を変えるための同様に断乎たる行動がこれに伴う場合にだけである」（同前、八八頁）。つまりは、生涯教育の推進は、子どもや若者の初期教育・基礎教育の改革と成人教育の発展とが、相伴い、結び合って初めて可能となるのである。「人格の統一的全体的かつ継続的な発達を強調する」（同前、五八頁）生涯教育の理念の下で、「教育は、これからはその一部分は他の部分と相互に補い合い、まさに他の部分との関係においてしか意味をもたないような首尾一貫した脈絡ある構造物として見なされることができ」、「もしある部分が失敗すれば、残りの部分は均衡を失って、その部分が目的とした特定のサービスの提供ができなくなる」（同前、五九頁）。異なる教育段階や教育部門間の「統合」が鍵である。

学校の役割と改革の方向性

生涯教育の展望に立つならば、学校の役割を次のように変えていく必要があると、ラングランは主張する。

まず第一に、学校は本当の教育が効果的に行なわれるように、できるだけの貢献をすべきである。そうした真の教育は、生涯教育という調和のとれた体系ができあがって、ひとりひとりの人が、学校や大学を卒業した後に自分自身の教育に着手して、学習と訓練を続けようという動機をもつにいたった時に、はじめて発足することになるのである。そして、その際に、基礎教育は、知識を得るために欠かせない過程というよりは、むしろ、音楽にたとえれば、序曲の役割を担うことになる。そこでは、いろいろなテーマに関するコースを提供するよりはむしろ、未来の大人が、自己を表現し、他の人と意志の疎通ができるような手段を身につけさせるべきである。だから、力点は、言語を使いこなすこと、集中力や観察能力を発達させること、また、どこでどうすれば必要な情報が得られるかを知ること、そしてさらに、他の人とともに協働できる能力を獲得することなどにおかれるべきである。

（ポール・ラングラン「生涯教育の展望」〈一九六九年〉、アーノルド・S・M・ヒーリー著、諸岡和房訳『現代の成人教育――その思想と社会的背景』日本放送出版協会、一九七二年所収、二六一―二六二頁）

学校卒業後も、各人がいよいよ主体的に自らの教育を継続し、また他者と交流・協働しつつ、自己実現を図ることができるよう、そのために必要な様々な基礎的能力を養うことこそが、生涯教育の体系における学校（基礎教育）に課された主要な役割となるというのである。

ラングランは、成人教育に比べると、初等教育の改革には、次のような長所や短所があるという（前掲『生涯教育入門　第一部』八九頁、一部フランス語版も参照）。主たる長所は、あらゆる種類の関係法令群、建造物群、教師群の膨大なしくみの存在である。しかし、このしくみの巨大さそれ自体が一つの障害となる。実際、いかにしたら、堅固に確立した伝統を変え、職業的ないしキャリア上の心理や関心を変え、また、教育上の必要と選抜の必要とを調停することができるか。ラングランは、「とりわけこの種の問題は、出来あいの解答があるわけでなく、また速かな解決法もない。しかしながら、今日われわれは、教育上のある危機に直面しているが、それはその悲観的な面にもかかわらず、この新しい秩序を構想し出すことを目ざす行動に出ることのできる方向の若干を、明白に識別することを許すものである」(同前、八九―九〇頁)として、次の三つの方向性を提示している(同前、九〇―九一頁)。

教育の個人化

学習者の個性や多様性を重視した教育の必要性である。学校教育は公平・平等を重視する。反面、定型的、固定的、画一的な性格が強い。ラングランは、「教育がもし意味をもつとすれば、それは一人一人の個人に、ある特定の型の個人、つまり『天分ある』生徒だけに適したできあいのモデルに応じてではなく、そのおのおのの個性にしたがって、その天稟や固有の能力に応じて発達することを許すものでなければならない」と主張する。

教育方法の重視

いわゆる「内容知」重視から「方法知」重視へと転換させ、「学び方を学ばせる」必要がある。「すべての知識の相対的な性格を認めるならば、教育の過程においては、認識や表現の手段の獲得に注意を向けるようにうながされる」。「学校の果たすべき役割は、系統的な誘導により、考察や勉強の計画や分析的操作と総合的操作の関係づけなどの能力を養いつつ、また対話やチーム作業の習慣をつくりつつ、『学ぶことを学ばせる』ことにある」。

さらに、ラングランは、「さまざまの教科の間のもっと密接な結びつきの展望が、科学的アプローチと文学的アプローチとを協力させるようなしかたで検討されなければならないのも、また方法の角度からである」と指摘している。

日常生活との結びつき

学校の教育内容において、実社会や実生活、仕事との関連性を重視するということである。ラングランは、「教育の果たすべき役割は、未来の成人を、生活の諸課題、諸任務に立ち向かうよう、変化やあらゆる形の知的、教養的な冒険を受入れるよう、そして風俗や教義の急速な進展に対応していけるよう用意をさせることである」として、とりわけ次のような目標を提示している。○現代人の教養の理論の中に、労働の諸価値を含ませること。○法や経済機能に関する知識の手ほどき。○知識や娯楽の普及のマス・メディア活用の手ほどき。○読書の継続的訓練。○生活技術の手ほどき。〇あらゆる側面における人間の夫婦生活の豊富さの発見と理解。

一九七〇年当時、生涯教育の具体化に向け、ラングランの示した学校の役割や改革の方向性は、今日の教育をめぐる様々な課題への取り組みにおいても、重要な意義を見いだすことができるものであると思われる。

4 生涯学習社会における学校

一九八四年から八七年にかけて設置された臨時教育審議会は、教育改革推進のための基本的な考え方の一つとして「生涯学習体系への移行」を打ち出し、次のように提言した。

我が国が今後、社会の変化に主体的に対応し、活力ある社会を築いていくためには、学歴社会の弊害を是正するとともに、学習意欲の新たな高まりと多様な教育サービス供給体系の登場、科学技術の進展などに伴う新たな学習需要の高まりにこたえ、学校中心の考え方を改め、生涯学習体系への移行を主軸とする教育体系の総合的再編成を図っていかなければならない。

（臨時教育審議会「教育改革に関する第四次答申（最終答申）」一九八七年八月）

そのうえで、同審議会は、「学校教育の期間の長期化や過度の依存などに伴う弊害、とくに学歴社会の弊害」を是正するため、「学校教育の自己完結的な考え方から脱却し、人間の評価が形式的な学歴に偏っている状況を改め、どこで学んでも、いつ学んでも、その成果が適切に評価され、多元的に人間が評価されるよう、人々の意識を社会的に形成していく必要がある。また、若いときに希望する学校や職場に進めなかった人々が、その後の人生で、それらに挑戦する機会が得られるように教育や社会の仕組みを改善していく必要がある」（前掲答申）と指摘した。

そして、同審議会は、生涯学習体制の整備のために、「学歴社会の弊害を是正するとともに、学校における偏差値偏重、社会における学歴偏重の評価の在り方を根本的に改め、評価の多元化を図る必要がある」（前掲答申）とし、学歴社会の弊害の是正策は、①二一世紀に向けて生涯学習社会の建設、②学校教育の改革、③企業・官公庁における採用などの改善、の三つの方向から総合的に展開されなければならないと説いた。

こうした考え方をふまえ、学歴社会の弊害の是正、社会の成熟化に伴う学習需要の増大、社会・経済の変化に対応するための学習の必要性の観点から、学校教育を生涯学習の一環として捉え、学校教育が抱えている問題点を解決するためにも、社会の様々な教育・学習システムが相互に連携を強化して、「人々が、生涯のいつでも、自由に学習機会を選択して学ぶことができ、その成果が社会において適切に評価されるような生涯学習社会」の構築・実現に向けて教育改革の努力が進められている（中央教育審議会答申「新しい時代に対応する教育の諸制度の改革について」一九九一年、生涯学習審議会答申「今後の社会の動向に対応した生涯学習の振興方策について」一九九二年ほか）。

そのなかで、生涯学習における学校の役割としては、人びとの生涯学習の基礎を培うことおよび地域や社会の人びとに対して様々な学習機会を提供することが重要であるとされている（中央教育審議会答申「生涯学習の基盤整備について」一九九〇年、中央教育審議会答申「新しい時代に対応する教育の諸制度の改革について」一九九一年）。

人びとの生涯学習の基礎を培うためには、とくに初等中等教育の段階において、家庭や地域社会等との密接な連携の下に、生涯にわたって学習を続けていくために必要な基礎的な能力や自ら学ぶ意欲や態度を育成するとともに、基礎・基本を徹底し、個性を生かす教育を進めることが必要である。また、地域や社会の人びとに対して様々な学習機会を提供するためには、とくに大学・短大等が、生涯学習機関として、あるいは、一度社会へ出た後に、必要に応じて再び学校に戻って学ぶ、いわゆる「リカレント教育」（recurrent education）の場としての役割を拡充し、社会人を積極的に受け入れることや社会人や地域のニーズに対応した多様な学習機会を提供することが必要である。大学・短大等においては、公開講座等を拡充するとともに、社会人等が学びやすくするために、学校制度の柔軟化を図り、社会人特別選抜や科目等履修生制度、昼夜開講制や夜間大学院、専門職大学院、大学院修士課程一年制コースや長期在学コース等が整備されつつある。

生涯学習社会においても、競争や選抜の圧力は存在しよう。今後も、学校教育には、様々な部門との連携を重視し、よりよいかたちで種々の社会的要請に対応するとともに、人びとが、他の人とともに協働しつつ、「よりいっそう自分自身になる」ことを可能にしていけるような学びの支援が求められている。

参考文献

天野郁夫『日本の教育システム――構造と変動』東京大学出版会、一九九六年
天野郁夫「学歴社会」『CD-ROM 世界大百科事典 第2版 ライブラリリンク対応2』日立システムアンドサービス、一九九八―二〇〇三年
有吉英樹・小池源吾編『生涯学習の基礎と展開』コレール社、二〇〇〇年（3版）
池田秀男編『社会教育学』（教職科学講座6）福村出版、一九九〇年
日本生涯教育学会編『生涯学習事典（増補版）』東京書籍、一九九二年
ラングラン著、波多野完治訳「生涯教育について」持田栄一・森　隆夫・諸岡和房編『生涯教育事典 資料・文献編』ぎょうせい、一九七九年

第10章　生涯学習の内容

1　学習内容の分類とその変遷

生涯学習内容の多様性

生涯学習の内容は、「生涯学習とは何か」という問いと密接にかかわっている。生涯学習を、提供者によって押しつけられた「教育」という観念から、個人化された学習への転換ととらえ、新たなパラダイムを意味する文化的な用語（P・フェデリーギ編、佐藤一子・三輪健二監訳『国際生涯学習キーワード集』東洋館出版社、二〇〇一年）と解釈するなら、生涯学習の内容は、演繹的に導き出すことはほとんど無意味で、すでに経験されている事実（生涯学習活動）から拾い集めるしかない。なぜなら、個人化された学習は、その内容のもつ価値や重要性が、各個人の生活環境や社会的状況、嗜好等によってのみ意味づけられるために、他者からの評価を容易に受けつけないことになるからである。

しかし、しばしば学習内容は学習課題と表現され、学習者が学ぶことを要請された必要課題と、学習者みずからが学ぶことを欲した要求課題に分けて考察することがある。いずれにせよ学習者の前では学習内容は「課題」として存在する。課題（task）とは課されたテーマであり、果たすべき仕事を意味している。

ここでは、学習者が（に）課題として設定した（された）内容を把握することから、生涯学習の内容を検討してみよう。

ところで生涯学習の課題分析は、成長課題（発達課題）を除いて立ち遅れていた研究分野であり、断片的な学習要求調査が行われてきたにすぎないといわれてきた。発達課題は、生涯の各時期に固有の特徴と課題があることを前提とするライフサイクル論の研究から発展してきている。

学習活動の実態を把握するという意図で行われた調査研究の断片から、生涯学習の内容を検討することも可能であろう。

二つの官製調査、「社会教育調査」（指定統計第八三号）と「生涯学習に関する世論調査」を取りあげ、生涯学習の内容がどのように分類されてきたかについて考察する。

2　「社会教育調査」における学習内容

学習内容分類の枠組

「社会教育調査」は一九五五（昭和三〇）年に始まった。翌年文部省（当時）から出された報告書の「はしがき」には、「社会教育の複雑かつ融通性に富む性格のゆえ」に、「学校教育と並んで教育の分野を大きく二分し、近時ますます各界にその重要性が認識され、その健全な振興が叫ばれてきた」にもかかわらず、指定統計調査の実施が学校教育に遅れをとったと述べられている。そしてこの調査によって「社会教育の現状が統計的によりいっそう明らかになり、わが国社会教育の進展にいくぶんなりとも寄与しうれば幸である」と記している。社会教育調査は、その後ほぼ三年おきに実施され今日に至るが、当初の期待通りわが国における生涯学習領域の重要な基礎統計資料となっている。生涯学習内容について考える際にも参考になるデータを提供してくれているが、ここでは主として調査の枠組みを検討することによって生涯学習の内容に迫ってみよう。

現在までに一六回の調査が行われている。最も新しい調査は二〇〇五（平成一七）年に行われた。

第一回調査から調査票をもとに学習内容の分類をまとめたものが表10－1である。

第一回の調査から学習内容が分類されている。調査を重ねるにしたがって回答形式は変化するが、調査票（回答用紙）にはそれぞれの分類に応じて、あてはまる時間数、学級・講座数、受講者数等を記入するように設計されている。

第四回調査（一九六八〈昭和四三〉年）までは、「青年学級」と「社会教育講座」の調査票があり、それぞれ学習内容の分類が提示されていたが、二つの調査票で分類は異なっていた。

第二回調査の報告書（一九六一〈昭和三六〉年発行）のはしがきで、社会教育委員と社会教育主事とともに「勤労青年の教育の場として一段と重要性を加えつつある青年学級の状況について、前回より詳しく調査した」と述べられた青年学級調査も、第五回調査（一九七一〈昭和四六〉年）以降はなくなり、青少年教育施設への調査として、社会教育行政、公民館、婦人教育施設等への調査と同様の分類となり、「社会教育講座」を引き継ぐ形で統一されている。

社会の変化と学習内容

まず、青年学級における学習内容の分類であるが、「職業」「家事」「一般教養」「その他」の四カテゴリーで始まり、第二回調査（一九六〇年）で「体育・レクリエーション」が加えられて五カテゴリーになったほかは、四回の調査を通じて学習内容の分類に変化はない。ただ、一九五五（昭和三〇）年調査においては、「体育・レクリエーション」が含まれていなかったことは興味深い。同年の「社会教育講座」に「体育、レクリエーション又は芸能」というカテゴリーが設定されているのとは対照的である。

一方、「社会教育講座」では「職業」「家庭生活」「一般教養」「体育、レクリエーション又は芸能」「その他」の五カテゴリーから始まる。

表10－1 「社会教育調査」における学習内容の分類

第１回：1955（昭和30）年

＜青年学級＞

①	職業	農業 水産業 工業 商業 その他
②	家事	
③	一般教養	
④	その他	

＜社会教育講座＞

①	職業	農業，林業又は畜産業 水産業 工業 商業 その他
②	家庭生活	家政・家庭 保健・衛生
③	一般教養	政治，経済，社会又は時事問題 哲学，道徳又は修養 国語，算数又は外国語等 趣味 自然科学
④	体育，レクリエーション又は芸能	
⑤	その他	

第２回：1960（昭和35）年

＜青年学級＞

①	職業	農業 水産業 工業 商業 その他
②	家事	
③	一般教養	
④	体育・レクリエーション	
⑤	その他	

＜社会教育講座＞

①	一般教養に関するもの
②	生活に関するもの
③	生産に関するもの
④	体育・レクリエーションに関するもの
⑤	その他

第３回：1963（昭和38）年

＜青年学級＞

第２回に同じ

＜社会教育講座＞

①	一般教養	政治・経済・時事 文学・歴史・哲学・教育・心理 その他
②	職業・技術・生産に関するもの	
③	家事・家庭に関するもの	
④	趣味・体育・レクリエーションに関するもの	
⑤	その他	

第４回：1968（昭和43）年

＜青年学級＞

第２回に同じ

＜社会教育講座＞

①	一般教養
②	職業・技術・生産に関するもの
③	家事・家庭に関するもの
④	趣味・体育・レクリエーションに関するもの
⑤	その他

第５回：1971（昭和46）年

①	一般教養
②	職業・技術・生産に関するもの
③	家事・家庭に関するもの
④	家庭教育に関するもの
⑤	趣味・体育・レクリエーションに関するもの
⑥	その他

第６回：1975(昭和50)年～第７回：1978(昭和53)年

①	教養の向上・情操の陶冶に資するもの
②	体育・レクリエーションに関するもの
③	家庭教育・家庭生活に資するもの
④	職業知識・技術の向上に資するもの
⑤	市民意識・社会連帯意識に資するもの
⑥	その他

第８回：1981(昭和56)年～第12回：1993(平成５)年

①	教養の向上・情操の陶冶
②	体育・レクリエーション
③	家庭教育・家庭生活
④	職業知識・技術の向上
⑤	市民意識・社会連帯意識
⑥	その他

第13回：1996(平成８)年～第15回：2002(平成14)年

①	教養の向上（うち趣味・けいこごと）
②	体育・レクリエーション
③	家庭教育・家庭生活
④	職業知識・技術の向上
⑥	その他

第16回：2005（平成17）年

①	教養の向上（うち趣味・けいこごと）
②	体育・レクリエーション
③	家庭教育・家庭生活
④	職業知識・技術の向上 （うち情報教育関係）
⑤	市民意識・社会連帯意識 （うち環境問題関係／社会福祉関係）
⑥	その他

第一回の「職業」のサブ・カテゴリーには、青年学級ではみられない「林業・畜産業」が加えられているのも興味深い。当時の青年は、林業・畜産業に就くことが期待されていなかったのであろうか。「職業」カテゴリーは時代が下るとともに、「生産に関するもの」（一九六〇年）、「職業・技術・生産に関するもの」（一九六三、六八、七一年）、「職業知識・技術の向上…」（一九七五年以降）と変わっていく。

「家庭生活」（一九五五年）に、「家政・家庭」と「保健・衛生」の二つのサブ・カテゴリーが設けられていたものが、第二回目以降サブカテゴリーをなくし「生活」（一九六〇年）、「家事・家庭」（一九六三、六八、七一年）へと変わっていく。一九七一年には「家庭教育」が別途新設され六カテゴリーとなる。

学習内容としての「趣味」をどう分類するかについて紆余曲折がみられる。第一回では「一般教養」のサブ・カテゴリーに含められていたが、一九六三年以降「趣味・体育・レクリエーション」として分類される。ところが、一九七五年以降「情操の陶冶」という表現に変え、「教養」カテゴリーにもどされる。一九九〇（平成二）年に「民間における生涯学習関連事業所」調査票がつけ加えられ、「教養の向上・情操の陶冶（うち趣味・けいこごと）」として内項目が設けられる。一九九六（平成八年）年以降は「情操の陶冶」という表現が消え「教養の向上（うち趣味・けいこごと）」で定着する。

一九七五年には「市民意識・社会連帯意識」が新設されるが、「家事・家庭」と「家庭教育」が統合され、以降学習内容を六つのカテゴリーに分類することで現在に至っている。一九七一（昭和四六）年の社会教育審議会答申において、学習内容が六分野「教養・趣味」「体育・レクリエーション」「家庭生活・家庭教育」「職業・生産」「市民生活・国民生活」「その他」に分類されたことを受けたものと考えられる。

二〇〇五（平成一七）年の最新調査では、「職業知識・技術の向上」の内項目として「情報教育関係」が、「市民意識・社会連帯意識」の内項目として「環境問題関係」と「社会福祉関係」が設けられているのは、近年の社会的関心の変化を映したものであろう。

3 「生涯学習に関する世論調査」における学習内容

学習内容の基本的構築

生涯学習に関する世論調査は、一九八八（昭和六三）年に第一回が実施され、その後一九九二（平成四）年、一九九九（平成一一）年、二〇〇五（平成一七）年と、これまでに計四回行われている。

第一回調査から学習内容の分類をまとめたものが表10－2である。

第一回（一九八八年）で八カテゴリーに分類されていた学習内容は、基本的な構成は変えずにカテゴリー項目を増やす形で調査回数を重ねるとともに変化している。第二回（一九九二〈平成四〉年）で「ボランティア活動やそのために必要な知識・技能」と「語学」が加わり一〇カテゴリーとなり、第四回（二〇〇五年）には「パソコン・インターネットに関すること」、「自然体験や生活体験などの体験活動」、「勤労体験」を加えて一三カテゴリーに増える。

「ボランティア活動…」の追加は、一九九〇（平成二）年の中央教育審議会答申「生涯学習の基盤整備」において生涯学習の推進にあたってとくに留意すべきこととして「ボランティア活動」が取りあげられるなど、生涯学習とボランティアの関係が重要視されるようになったことを背景としていると考えられる。

「語学」は「教養」からの独立で、国際化や国際理解の教育への注目を反映している。

「パソコン・インターネット」は、「職業上必要な知識・技能」からの独立とみられ、インターネット人口普及率が一九九八年に一三・四％だったのが二〇〇四年には六二・三％となる（総務省「通信利用動向調査」）など、情報技術（ＩＴ）が急速に人びとの間に普及したことが背景にあろう。

表10－2　「生涯学習に関する世論調査」における学習内容の分類

第１回：1988（昭和63）年
①　趣味的なもの（音楽，美術，写真，華道，書道，舞踊など）
②　教養的なもの（文学，歴史，語学など）
③　社会問題（社会・時事問題，国際問題など）
④　健康管理（スポーツ，健康法，医学，栄養など）
⑤　家庭生活技能（料理，洋裁，和裁，編み物など）
⑥　育児・教育（育児，しつけ，幼児教育，教育問題など）
⑦　職業上必要な知識・技能（仕事に関係のある知識の習得，機械，コンピューターなど）
⑧　その他

第２回：1992（平成4）年・第３回：1999（平成11）年
①　趣味的なもの（音楽，美術，華道，舞踊，書道など）
②　教養的なもの（文学，歴史，科学など）
③　社会問題（社会・時事問題，国際問題，環境問題など）
④　健康・スポーツ（健康法，医学，栄養，ジョギング，水泳など）
⑤　家庭生活に役立つ技能（料理，洋裁，和裁，編み物など）
⑥　育児・教育（幼児教育，教育問題など）
⑦　職業上必要な知識・技能（仕事に関係のある知識の習得や資格の取得など）
⑧　語学（英会話など）
⑨　ボランティア活動やそのために必要な知識・技能（点訳，手話，介護など）
⑩　その他

第４回：2005（平成17）年
①　趣味的なもの（音楽，美術，華道，舞踊，書道など）
②　教養的なもの（文学，歴史，科学など）
③　社会問題（社会・時事問題，国際問題，環境問題など）
④　健康・スポーツ（健康法，医学，栄養，ジョギング，水泳など）
⑤　家庭生活に役立つ技能（料理，洋裁，和裁，編み物など）
⑥　育児・教育（幼児教育，教育問題など）
⑦　職業上必要な知識・技能（仕事に関係のある知識の習得や資格の取得など）
⑧　語学（英会話など）
⑨　パソコン・インターネットに関すること
⑩　ボランティア活動やそのために必要な知識・技能（点訳，手話，介護など）
⑪　自然体験や生活体験などの体験活動
⑫　勤労体験
⑬　その他

生涯学習とは

「生涯学習」とは，人々が，生涯のいつでも，どこでも，自由に行う学習活動のことで，学校教育や，公民館における講座等の社会教育などの学習機会に限らず，自分から進んで行う学習やスポーツ，文化活動，ボランティア活動，趣味などのさまざまな学習活動のことをいいます。

（生涯学習には，学校における学習活動（正規課程，公開講座等）や，自宅で行う学習活動も含みます。）

（生涯学習の例）

学校教育での学習

社会教育での学習（学校外における組織的な教育活動での学習）
- 国・地方公共団体・公民館等が行う講座
- 大学・短大等の学校が行う公開講座
- 民間教育事業者の行う通信教育
- カルチャースクール等
- 個人経営のピアノ教室等
- 企業内教育
- 職業訓練施設での教育
- 青少年団体等が行う青少年教育

などでの学習

家庭教育での学習

自己学習活動（読書，図書館・博物館・美術館などでの利用者の自主的な学習等）

スポーツ活動，文化活動，奉仕活動，体験活動（自然体験，社会体験，生活体験），趣味，レクリエーション活動等での学習

図10－1　生涯学習のイメージ図（「生涯学習に関する世論調査　平成17年」）

「自然体験や生活体験…」と「職業体験」は、調査の母集団が変わったことに起因している。第一―三回の調査では「全国二〇歳以上の者」を調査対象としていたのに対して、第四回調査では「全国一五歳以上の者」に変わっている。第二回調査（一九九二年）で「ボランティア」を独立させた結果、一九九三（平成五年）に実施された「生涯学習とボランティア活動に関する世論調査」の調査対象（全国一五歳以上の者）に対応させる必要が生じたからであろうか。また、一九九九（平成一一）年の生涯学習審議会答申「青少年の「生きる力」をはぐくむ地域社会の環境の充実方策について」において生活体験・自然体験の重要性が指摘されたこととかかわっていると思われる。いずれにせよ、「生涯学習」調査である以上、「成人」に限定される必要はなく、青少年が含まれるようになったのは合理的である。

「生涯学習」のコンセプトの変化

調査における「生涯学習」の説明（定義）も第四回において大きく変化している。第三回までは、質問文中で「一人一人が、自分の人生を楽しく豊かにするために、生涯のいろいろな時期に、自分から進んで行う学習やスポーツ、文化活動、ボランティア活動、趣味などのさまざまな活動」と説明されていたが、二〇〇五年調査では「生涯学習のイメージ図」（図10－1）というカードを提示し、生涯学習を定義し説明している。

一五歳以上には当然高校生が含まれることになるので、「（生涯学習には、学校における学習活動（正規課程、公開講座等）や自宅で行う学習活動も含みます。）」と下線つきで表記され、学校の授業や宿題なども生涯学習であることを確認させている。

学校教育セクターを、生涯学習機会を提供する一つのプロバイダーとする考え方は一般的であるが、高等学校の授業が生涯学習活動として実際に調査されるようになった事実は、生涯学習調査を考察するうえで重要である。

4　教育調査と学習調査

必要課題と要求課題

「社会教育調査」は教育委員会が回答する教育調査であり、「世論調査」は国民が回答する学習調査である。同じ学習内容の分類においても、一方は学習機会を提供する視点で講座や学級の内容が分類されているのに対し、他方はすでに行われている学習活動を確認し申告させるために内容が分類されている。

その意味で、教育調査は学習必要あるいは必要課題の内容分類であり、学習調査は学習要求あるいは要求課題の内容分類であるといえよう。

また、教育調査では、社会教育がいかに「複雑かつ融通性に富む性格」であるとしても、否、そうした性格であるからこそカテゴリー数は収斂する方向へと力学が働く。学習調査では、自らが「学習」と気づいていない取り組みを生涯学習活動として認知させる必要のために、具体的で幅広く拡大することになる。例えば、社会教育調査においてついたり離れたりしていた「教養」と「趣味」は、世論調査では一貫して分離されている。「家庭生活」と「育児・教育」も同様である。

教育調査による学習内容(必要課題)と学習調査による学習内容(要求課題)は、ともに社会状況の変化に影響を受けるが、分類という視点で見る限り、必要課題は収斂し、要求課題は拡大する傾向がある。とりわけ要求課題は社会と個人の「変化」や「ちがい」を強調し、多種多様なものへと広がっていく。

ここまで学習内容の分類を考察するにあたって、社会教育調査においても世論調査においても「その他」を含めてカテゴリー数としてきた。最新値の、社会教育調査六カテゴリー、世論調査一三カテゴリーには「その他」が独立して含まれている。どちらにおいても「その他」の具体的内容が示されていないが、回答には顕著な相違がみられる。例えば、最新値の社会教育調査では、公民館(類似施設を含む)における事業実施件数の「その他」が全体に占める割合は八・〇%(二〇〇四〈平成一六〉年)であり、「職業知識・技術の向上」「市民意識・社会連帯意識」を上回っている。二〇〇一年からの実数での伸び率も二一一・〇%で他を圧倒している。

人びとの学習課題が近年ますます多様になってきているために、実際に提供される学習内容(必要課題)は収斂したカテゴリーの中には収まらなくなってきている。学習者の学習要求に応えようと多様な事業を計画する生涯学習・社会教育職員の努力がここに垣間見える。しかし、「その他」に多く集まるようになったということは、学習内容の分類枠組みがうまく機能していないということも意味している。必要課題は、とくに公的社会教育の分野で重視されてきた。民間活力が期待され、公的社会教育分野の施設を指定管理者によって運営されることがすすめられている今日、あらためて必要課題の枠組み（学習内容の分類）を検討していくことも必要であろう。

対して、世論調査では、「その他」が全体に占める割合は、〇・三％（二〇〇五年）にとどまり一三カテゴリー中最下位である。前回調査（一九九九年）の〇・六％からみても大幅な減少であるが、分類カテゴリーが増えたことを考えれば当然ともいえる。

一般にアンケート調査において選択肢の「その他」への回答が少ない場合、調査票がうまくできていると考えられる。しかし、人びとの学習課題が多様になってきているのだとしたら、調査対象の母集団が年齢で五歳下方修正されたことを考え合わせて、必要課題の場合とは反対に、人びとの学習が「その他」を除いたカテゴリーに集約されていく実態は、必ずしも好ましいものではないかもしれない。構造化された質問紙調査では、人びとの行動や意識は、調査主体の理論的枠組みで把握されるという限界を認識しながら、多様な生涯学習の内容を見極めていくことは必要である。一五―二〇歳という年齢は学校以外の組織的な教育の顧客としてもっとも縁遠い層の一つである。高校や自宅で行う学習活動を生涯学習として確認し、「自然体験や生活体験」や「職業体験」を加えたことは評価されるが、青少年の興味・関心やそれに基づく活動は本来もっと多様であろう。

生涯学習促進のための重要な学習機会提供セクターである公的社会教育においては、要求課題から必要課題へという方向が重要であるとされてきた。要求課題を発展させることによって必要課題を自覚させれば、必要課題はそのまま要求課題となるからである。個人の発意によって始められた活動を生涯学習と自覚し、その学習なしではこの世に生きていくことができず、自分が自分でありえないことに思いをいたすことによって、他者や社会とつながっていく契機とすることができるのではないか。その意味でも、多様な生涯学習の内容を見つめていくことは重要である。

参考文献

朝倉征夫・佐々木貢編『生涯学習 豊かな人生の実現』学芸図書、二〇〇四年
伊藤俊夫編『生涯学習概論』（国立教育政策研究所社会教育実践教育センター）文憲堂、二〇〇六年
稲生勁吾編『社会教育概論』樹村房、一九八五年
佐々木正治編著『21世紀の生涯学習』福村出版、二〇〇〇年
新堀通也『公的社会教育と生涯学習』全日本社会教育連合会、一九八六年
総合研究開発機構「一九九〇年代の日本の課題」、『NIRA政策研究 一九八八』VOL.1、NO.1、一九八八年

第11章　生涯学習の方法・形態

1　生涯学習の方法

家庭教育・学校教育・社会教育の特性

現在生涯学習活動は、家庭教育、学校教育、社会教育という三領域で行われている。新堀通也はこれらの教育の三つの柱の占める位置は時間的、年齢段階別に異なっているが、「さらに重要なことはこの三者にはそれぞれ固有の特性がある」（新堀通也「現代社会教育の課題」新堀通也編『日本の教育地図《社会教育編》』ぎょうせい、一九七五年）と述べ、三者を表11－1のように比較し、その特性をよりわかりやすく示している。まず、その特性をふまえつつ各教育を説明し、学習方法についてふれることにする。

a　家庭教育

家庭教育では、親が子どもに社会人として必要なしつけなどの基本的生活習慣や価値観を身につけさせ、また情操教育を行うことが中心的課題である。しかし、家庭教育は親による私的な教育であり、親の自由にゆだねられる性質のものである。そこで、子どもを直接指導できない家庭教育においては、「親が家庭教育のもつ社会的責任について認識を深めるよう、家庭教育についての学習活動を行うことを促進・援助する」（牧野カツコ「家庭の教育と社会教育」伊藤俊夫・河野重男・辻功編『新社会教育辞典』第一法規、一九八三年）ことが重要となり、親を対象とした公民館の「家庭教育学級」講座が実施されている。

表11－1　家庭教育・学校教育・社会教育の特性比較

	家庭教育	学校教育	社会教育
制　度	私的，非形式的，非定形的	公的，形式的，定形的，固定的（法的なわくが強く，全国的に統一された基準があり，条件変化に直ちに対応できない）	私的，非形式的，非定形的，多様，柔軟（個々の地域的，個人的要求に対応し，条件変化に直ちに対応できる）
形　態	親中心的，受動的	教師中心的，受動的	相互教育，能動的
構　造	・垂直的 ・成員は少数で確定	・教師と生徒では垂直的，生徒相互では水平的 ・成員は相当多数で確定	・多様 ・成員数は不定
関　係	非形式的，人格的，自然的，情意的	形式的，人為的	多様
主　体	親（原則として二人）（教育についての非専門家，教育は職業ではない）	教師（教室では原則として一人）（教育専門家，教職資格が必要，教育は職業）	必ずしも教師はいない。無限定，多様，主体と客体とが随時交代
客　体	独立前の子供，少数	生徒（主として青少年，教育を受けることは本務），多数，地域・年齢などの点で同質的	多様（教育を受けることは本務ではない）
参　加	強制的	強制的	自発的
時　間	・長期(子供の独立まで) ・本務以外の時間 ・随時	・限定（一定した在学期間，主として青少年期） ・本務時間に対応 ・学年暦，時間割に基づく	・無限定，生涯 ・余暇利用 ・随時
場　所	・限定（家庭内） ・小規模	・限定（学校内） ・中規模	・無限定（随所） ・規模多様
学習内容	・未分化，非系統的 ・行動様式，言語などが中心 ・多様	・計画的，系統的，分化 ・知的，抽象的，記号文化が中心 ・画一的（カリキュラムに基づく）	・非計画的，非系統的 ・具体的，実際的，実用的，行動的な性格が強い。 ・多様，個性的，実生活に密着

（新堀通也編『日本の教育地図《社会教育編》』ぎょうせい，1975年）

b　学校教育

学校は子どもが成人し、社会で生きていくのに必要な知識・技術を効率よく教授するための機関として成立した。そのために子どもの特性に合わせて最も学習しやすいように教育課程が工夫され、教育方法などが開発されてきた。一九八五（昭和六〇）年からの四次にわたる臨時教育審議会答申に基づき、学校教育が生涯学習体制下に組み込まれた現在、学校教育では「ゆとり」教育の下、生涯学習社会に対応するために、自ら学び、自ら考える力などの「生きる力」を育成することが強調されている。しかし、二〇〇三年実施の国際学力調査の結果、「生きる力」の育成は不可欠であるが、「ゆとり」教育は見直されることとなった。

c　社会教育

社会教育は、子どもから高齢者までを対象に、資格取得に絡む準定型的教育から教養教育、さらに体育・レクレーション活動まで、非常に広い活動領域を網羅している。その中でも、とくに成人を中心に集合形式の学習活動が活発に展開されてきた。生涯学習体制下以降では、高齢者と女性を中心に学習活動が活発に行われている。しかし、古野有隣は社会教育の方法論について説明した後、「結論的には、どの段階においてもまだ理論らしき理論というか、整った方法論は確立されておらず、その必要性と若干の提案がなされているもの、ということになるであろう。」（古野有隣「社会教育方法論」『新社会教育辞典』第一法規、一九八三年）と、社会教育の方法論が未だ確立されていないという。この状況は生涯学習活動として社会教育が活発に行われている現在でも、大きく変化していない。

生涯学習の方法原理

学習者の学習要求が多様化してくるにしたがって、学習内容・学習方法も多様化してくる。それらをすべて説明することは不可能であるので、学習活動が最も積極的に展開される成人期に焦点を当て、生涯学習の基本的方法原理について述べることにする。

まず、成人の学習原理に理論的根拠を与えるアンドラゴジー（*andragogy*：成人の学習を援助する技術と科学）を確立したノールズ（Knowles, M. S.）によれば、成人の学習が青少年のそれとは異なる背景には、成人の発達特性があるという。成人の発達特性として、ノールズは、①学習者の自己概念（自己概念の変化）、②経験の役割、③学習へのレディネス、④学習へのオリエンテーションをあげている。各項目については、本書「第6章 生涯学習と学習者」で、より詳細に説明されているので、省略する。なお、学校教育を中心に発達してきた教育を「教育学」といい、アンドラゴジーに対して、ペダゴジー（*pedagogy*：子どもを教授する技術と科学）と呼ぶ。

成人の発達特性を前提とするアンドラゴジーに依拠すると、成人を対象とした学習の方法原理として、次の原理が示されるであろう。

a 自発学習の原理

自発学習とは、学習者が他から強制されることなく、自分の意志に基づいて行う学習のことである。この原理は成人の発達特性の「学習者の自己概念（自己概念の変化）」から導き出される。子どもは生理的、精神的、社会的に成人に依存しなければ生きていけない成人依存的な状態にある。しかし、成長するにつれて、子どもはこの成人依存的状態から脱却し、成人に頼らない自律的な自己概念を確立する。そして社会生活におけるあらゆる行動に責任や自尊心をもつ存在となる。

このプロセスは学習活動にも当てはまる。すなわち、子どもの場合には、自己概念が十分に確立されていないことから、教師から与えられた教育内容や価値規範を教わり、自分のものにする受け身的な学習として展開される。しかし成人の場合には、自律的、主体的な自己概念をもつことにより、子どもと同じように教師の提供する一方的な学習内容や学習方法に対してしばしば抵抗、拒否する。そして絶えず自分の興味・関心に基づく学習活動を展開する。したがって、生涯学習においては、いかにして成人の興味・関心に基づく学習内容を提供するかが中心的課題となる。

b　自己学習の原理

自己学習とは、学習者が主体的に学習の目的および方法を決定し、自己の向上を図る学習のことである。この原理は成人の発達特性である「学習者の自己概念（自己概念の変化）」と「経験の役割」から導き出される。成人の蓄積された経験や体験の量および多様性は、子どものそれとは比較にならない。蓄積された経験によって、成人は豊かな学習を体験し、新しい学習を展開していくことができる。自己概念から導き出された自発的学習の原理の下に、この豊かな経験が備わることにより、成人学習者は具体的な学習計画の立案から、学習の展開、さらに学習活動の評価に至るまで、主体的に関与することを求める。

c　相互学習の原理

相互学習とは同じ目的をもつ学習者が相互に教え合い学び合う学習のことである。これは成人の発達特性の「経験の役割」から導かれる。経験の少ない子どもは身のまわりの事物によって自己の同一視をせざるをえないが、成人の場合には、蓄積された豊かな経験がその人の人格を形成し、しかも多様な経験が個人差を生み出す。そして豊富な経験をもつ成人を学習資源としておおいに活用することがその人を尊敬することになる。したがって、生涯学習においては成人学習者の個人差を認めながら、彼らを積極的に様々な行事に参画させるほど、個々の学習者が相互に響き合い、学習が高まっていく。

d　生活即応の原理

生活即応とは成人が生活場面で生じた課題や要求に基づき学習を展開し、解決した後には実生活に帰り、それを生活場面に適用することをいう。この原理は、成人の発達特性である「学習へのレディネス」と「学習へのオリエンテーション」から説明される。

子どもの場合には、心身の発達にしたがって学習活動が展開されることから、学校教育で学んだこととそれらの実生活への応用との間には相当の時差が存在する。しかし、成人の場合には、現実に生活を営んでおり、そこから様々な問題が生じる。その点で、いつも学習のレディネスを備えているといえる。したがって、成人の学習活動は、絶えず実生活から生じる諸問題を出発点とし、しかも学習成果は即刻生活に応用されることを前提として行われる。

成人の学習（自己主導的学習）

ノールズは成人を指導した体験および成人の発達特性から導き出される方法原理を通して、成人の学習は自己主導的学習（self-directed learning）であるべきであるという。この学習では学習者を中心として学習を展開する必要があることから、学習プロセスが重要となる。これをプロセス・デザインと呼び、図11－1に示すように、学習は七つの段階から構成される。それに比べ、子どもを対象にした教育は教師が中心となり、教育が展開されることから、コンテント・プランと呼ばれる。

それでは、各段階ごとに説明していくことにする。

(1)学習の雰囲気づくり

学習者が主体的に学習を行うための雰囲気づくりの段階である。ここでは学習を行う前に、指導者と学習者、さらに学習者同士がお互いを尊敬し、信頼し、対等に対話できる関係をつくり出すことが重要になる。

(2)学習者相互による学習計画のための組織構造の確立

学習を相互で計画化するための構造やメカニズムを確立する段階である。ここではすべての参加者が指導者と話し合い、学習の計画・立案ができるように、学習グループの調整、各グループの代表の決定など、具体的に学習計画立案に向けて組織化を行う。そうすることによって、最終的に学習者が学習の立案・計画のプロセスに参

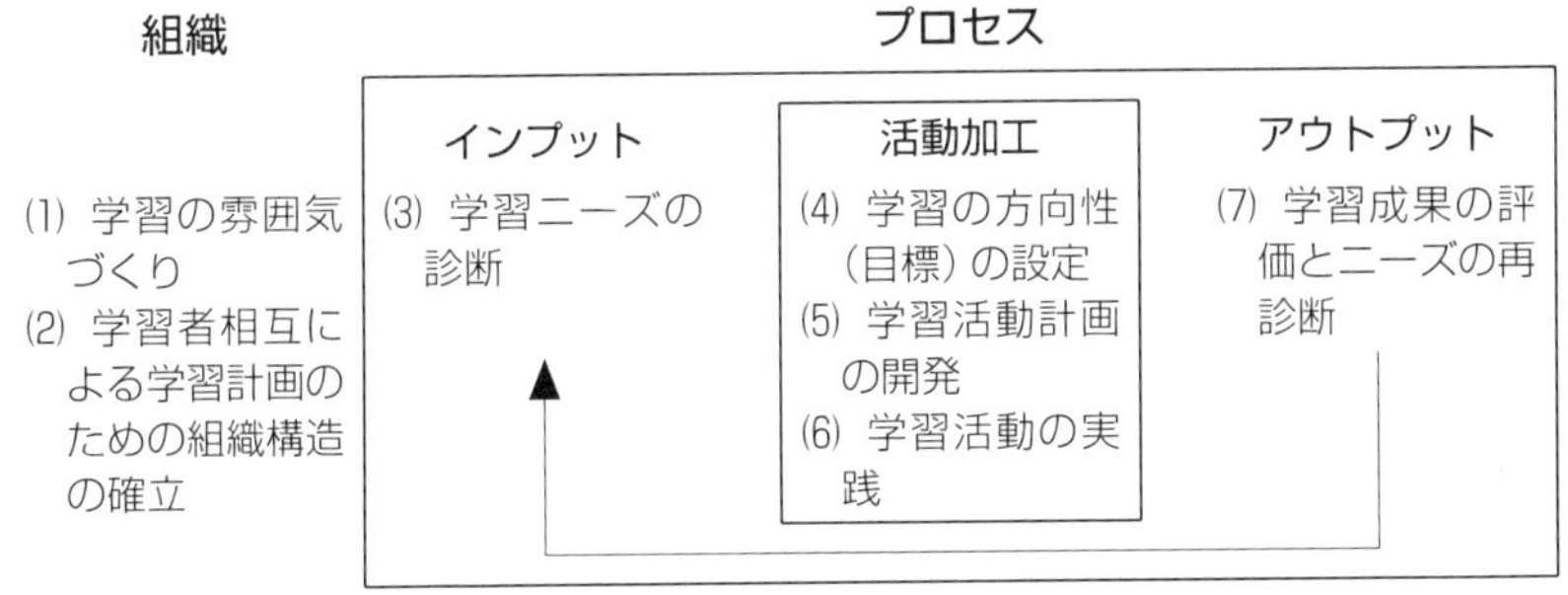

図11－1　成人の学習過程のサイクル（池田秀男他編『成人教育の理解』実務教育出版，1987年，33頁図1－1をもとに，赤木が作成し直した）

加していたという感覚をはぐくむことが大切である。

(3)学習ニーズの診断

学習者の学習要求を自己診断する段階である。この段階はさらに、①望ましい行動や獲得されるべき能力のモデルづくりの段階、②現在の学習行動や能力のレベルを測定する段階、③望ましい行動モデルと現時点での自分の達成レベルとのギャップを診断する段階から構成されている。この段階が重要なのは、学習者が学習ニーズを自己診断することによって学習への動機がもっとも高まるからである。

(4)学習の方向性（目標）の設定

学習者が学習成果を評価できるように、学習目標を設定する段階である。この目標は、人によっては到達点としての目標になり、また成長の方向性を示すものになる。ここでは、目標とは学習をすすめていくことにより、より明確なものになることから、「学習者が何度も目標を改訂することが望ましい」（ノールズ『成人教育の現代的実践』鳳書房、二〇〇二年、三五五頁）という立場をとる。

(5)学習活動計画の開発

学習者の経験に基づき、学習プランを立案する段階である。具体的には、学習者の学習状況に対応して学習課題をより理解できるように配列し、問題単元を系統立てて組織化することである。

(6)学習活動の実践

第(5)段階で立案された学習プランを具体化する段階である。学習者が学習を進めるのに最も効果的な学習方法・形態・教材などを指導者と相談しながら選定する。このとき、学習者が学習を構造化するのを支援する方法として「契約学習」(learning contract) が強調される。

(7)学習成果の評価とニーズの再診断

学習目標に照らして、学習の成果を評価する段階である。学習成果が上がらない場合、また新たな達成モデルを設定する場合、ともに第(3)段階の学習者のニーズの診断にフィードバックし、学習目標を再度設定する。

2　生涯学習の学習形態

生涯学習体制下においては、あらゆる行事・活動を学習者の側から捉え直すことが重要となる。そして「だれでも、いつでも、どこでも、必要に応じて」学習ができる態勢が整備・確立されるにつれ、学習活動は個人を中心としたものに比重を移していくことになる。しかし、この個人を中心とする学習だけでは不十分であり、様々な形態の学習がそれを補完することが必要である。生涯学習で用いられる学習形態をすべて網羅することは不可能であり、ここでは二つの視点から考察する。一つは、学習者の学習への参加のあり方であり、もう一つは、学習へのアプローチの仕方である。

学習者の参加形態

学習者の学習への参加の形態としては、個人で行う個人学習形態と、興味や関心を同じくするものが集まって行う集合学習形態があげられる。また集合学習形態は、さらに集会学習形態と集団学習形態に分けられる。以後、それぞれの学習形態について述べることにする。

a　個人学習

個人学習とは、学習を行う組織や仲間に属することなく、独自の学習計画に基づき、一人で展開する学習のことであり、古くから行われてきた「独学」に近い概念である。個人学習は、①社会教育の方法が学校教育の影響を強く受けてきたこと、②行政中心の社会教育であったために、参加者数を重視する傾向があったこと、③個人学習に不可欠な条件である施設、設備あるいは方法が未発達であったことなどにより、今まで社会教育ではあまり重視されてこなかった。しかし、生涯学習体制が整備されることによって、学習活動を行うときに配慮しなくてはならなかった時間や場所といった物理的条件に拘束されることがなくなり、個人学習はいつでも、どこでも自由に、自分のペースで学習を行うことができるようになってきたことから、今後ますます普及し、重要視されるであろう。なお、個人学習は様々な理由で継続しにくいという短所があり、それをどのように補うかが今後の課題である。

b　集会学習

集会学習とは、あるテーマの下に集まってくる人びとの個人的な興味・関心を充足させることを意図しており、その場での教育的相互作用まではあまり期待していない学習のことである。具体的には、講演会、音楽会、映画会などで行われる学習である。集会学習では専門家による直接的指導・説明を受けることにより、個人学習では習得困難な専門的な知識・技能などの理解をより深めることができ、個人の興味・関心を高め、さらに学習を促進することができるという教育効果がある。生涯学習体制下での集会学習の役割は、個人学習の内容をより高度なものにするために側面から援助することであると捉えられる。

c　集団学習

集団学習は、集団のもつ相互作用を通して、学習者の要求を充足するとともに、共通の意識を育て、集団としての目的の実現をめざす学習のことである。具体的には社会教育施設（代表的な施設としては公民館）で行われる様々な学級・講座、あるいはグループ・サークル、PTA、婦人会、青年団などに代表される社会教育関係の団体活動、青年の家などの宿泊訓練などである。この学習の特徴は、同じ目的をもつ学習者が一定の場所に集まって学習することによって、学習者同士が教え合い学び合うという相互学習にある。さらに、お互いの話し合いを通して参加者の相互理解や温かい人間関係を深めることも、他の学習からは得られない貴重なものである。

生涯学習体制下での集団学習の役割は、受動的な学習を行ってきた人びとに、団体による学習活動を通して主体的な学習態度を養成し、自己学習を行うことができるようにすることであろう。

学習へのアプローチのしかた

ここでは、紙幅の関係から、今後ますます重要になると考えられる生涯学習相談と遠隔教育（distance education）の一つであるeラーニングについて述べることにする。

a　生涯学習相談の利用

生涯学習体制下では、個人で学習する機会がますます多くなる。しかし、①独自の学習プログラムを作成することが困難であること、②独自では学習情報の収集が難しいこと、③他の学習者からの刺激が少ないことなどから、学習を継続することが困難である。そのために、学習者が抱える諸問題を解決し、学習活動を援助する学習相談がますます重要になってきている。

学習相談は、学習者（住民）と教育資源との間に学習相談員をおき、学習相談の機能を教育資源提供側から学習者への情報の流れとその逆の情報の流れとの二側面から説明される。前者は学習者が必要とする学習情報（施設、方法、講師など）を学習者に提供し、また潜在的学習者に積極的に働きかけ、新たな学習者を掘り起こす機能である。ここで学習相談員は学習者がどのような情報を求め、何を行いたいかを把握し、適確な援助を行うことが要求される。つまり学習者の「援助者」（advisor）としての機能である。後者は多様化してきた学習者の学習要求に適合する教育資源・機会が何であるかを把握し、それを学習者の要求を代弁して教育資源を提供する側（行政・教育機関）に提唱する機能である。つまり学習者の「代弁者ないし擁護者」（advocator）としての機能である。前者は一般に学習情報提供システムとかなりの部分で重なるであろう。後者は行政が学習者（住民）の意見を取り入れ、よりよい町を創っていくうえで、欠かせない重要な機能である。

b　eラーニングの利用

社会には学習したくても、時間的、空間的な制約があり、講師や学習コースといった学習資源と直接接触できないために、学習できない大勢の人びとがいる。彼らと学習資源との間を印刷教材、放送教材、ビデオ教材など様々な媒体を介して学習ができるようする方法を遠隔教育といい、今日おおいに利用されている。そのなかでも、近年急速に整備されてきたインターネットやイントラネットといったネットワークと高性能なコンピュータを用いて行う学習をeラーニングと呼ぶ。

eラーニングの長所としては、①学習するのに時間的、空間的制約を受けないこと、②講師と学習者、学習者同士の間に双方向性があるので、講師による学習上の指導や学習者同士のディスカッションなどを行うことができること、③自分のペースで学習を進めることができること、④繰り返し学習が可能であり、到達度の測定ができることなどがあげられる。その一方で、eラーニングは個人学習を基調としており、学習を継続しにくいという短所があることから、それをサポートする体制が確立される必要がある。すなわち、学習者が目標に向かって学習できるよう案内役を果たす人間、さらには学習の進捗状況や目標達成度、成績を管理し、最大の学習効果が得られるようにコントロールするためのシステムが整備される必要がある。

eラーニングを利用することにより、だれでも、いつでも、どこにいても、学びたいことを選び、学ぶことが実現するのである。ただ、eラーニング自体は学習の手段であり、より重要なのは伝達するコンテンツ、およびカリキュラムであるということを充分に認識しておく必要がある。

高等教育機関がeラーニングを導入している事例の一部を紹介する。東北大学ではインターネットによる全学規模の大学院教育「ISTU（Internet School of Tohoku University）」を実現し、二〇〇七（平成一九）年までに大学院講義科目の約四割をオンデマンド授業にすることをめざしている。また、日本福祉大学では社会人を対象とした通信教育部を設置し、学生は全国からインターネットに接続されたパソコンで学習するシステムを確立している。

参考文献

池田秀男他編『成人教育の理解』（生涯学習テキスト②）実務教育出版、一九八七年
伊藤俊夫他編『新社会教育事典』第一法規、一九八三年
伊藤俊夫他共編『社会教育の基礎』文教書院、一九九一年
黒沢惟昭編『生涯学習時代の社会教育』明石書店、一九九二年
佐々木正治編著『21世紀の生涯学習』福村出版、二〇〇〇年
鄭任星・久保田賢一編著『遠隔教育とeラーニング』北大路書房、二〇〇六年
新堀通也編『日本の教育地図《社会教育編》』ぎょうせい、一九七五年
先進学習基盤協会（ALIC）編『eラーニングが創る近未来教育』オーム社、二〇〇三年

日本生涯学会編『生涯学習事典〈増補版〉』東京書籍、一九九二年
ノールズ、堀薫夫・三輪健二監訳『成人教育の現代的実践――ペダゴジーからアンドラゴジーへ』鳳書房、二〇〇二年
ノールズ、渡邊洋子監訳『学習者と教育者のための自己主導型学習ガイド』明石書店、二〇〇五年
広島県社会教育学会編『生涯教育への転換』ぎょうせい、一九八七年
メリアム、R・S・カファレラ、立田慶裕・三輪建二監訳『成人期の学習――理論と実践』鳳書房、二〇〇五年
渡邊洋子『生涯学習時代の成人教育学――学習者支援へのアドヴォカシー』明石書店、二〇〇二年

第12章　生涯学習情報の提供と学習相談

1　情報社会における学習情報

ユビキタス・ネットワーク社会の到来

一九九九（平成一一）年二月にNTTドコモが開始した「iモードサービス」は、携帯電話によるインターネット接続の爆発的な普及をもたらした。これを契機として、各種のモバイル機器からインターネットに接続する技術やサービスが次々に登場し、今や、あらゆる情報端末や、ICチップを搭載した機器、物品が、有線や無線の多様なネットワークによって接続され、いつでもどこからでも様々なサービスが利用できるようになるネットワーク環境が整備された「ユビキタス・ネットワーク社会」の実現が提唱されている。

総務省は二〇〇一（平成一三）年一一月、「ユビキタス・ネットワーク技術の将来展望に関する調査研究会」を発足させ、「平成一六年度IT政策大綱」には「ユビキタス・ネットワーク社会の実現」が盛り込まれている。

ユビキタスとは、ラテン語の *ubique*＝「あらゆるところで」という形容詞を基にした、「(神のごとく) 遍在する」という意味で使われている英語で、米ゼロックスパロアルト研究所のワイザー（Weiser, M.）が、一台のコンピュータをみんなで使用する「メインフレーム」、一人で一台を使用する「パーソナル・コンピュータ」に続く第三世代のコンピュータ利用形態として、一九八八年に提唱したコンセプトである。

わが国では、ユビキタス・ネットワークが社会や個人の生活スタイルに変化を与えるものとして語られることも多く、生涯学習もまた例外ではない。総務省「ユビキタスネット社会の実現に向けた政策懇談会」最終報告書（二〇〇四〈平成一六〉年）では、ユビキタス（遍在）社会を「あらゆる人やモノが『結』びつくことによって、ICT（情報コミュニケーション技術）が日常生活の隅々にまで普及し、『いつでも、どこでも、何でも、だれでも』ネットワークにつながる社会」「あらゆる局面でコミュニケーションがより重要な役割を担う時代」と指摘している。このことはまさに、一九九二（平成四）年の生涯学習審議会答申で提示された生涯学習社会のイメージである「人々が、生涯のいつでも、自由に学習機会を選択して学ぶことができ、その成果が社会において適切に評価されるような社会」と合致するのである。

学習情報とは何か

生涯学習情報とは、人びとの生涯学習活動を支援するために役立つ情報の総称である。具体的には、学習する内容そのものに関する情報のほか、学習の仕方や方法に関するアドバイス的な情報、そして学習機会、施設、人材、資格、団体・グループ、教材などの情報がこれに含まれ、学習者が個人またはグループで自らの意思により主体的に学習しようとする場合、学習内容をさらに深めようとする場合、あるいはテレビなどでたまたま目にしたものについて調べようとする「偶発的な学習」などに対する手助けとなる。

一般的に、学習情報といえば、学習機会、施設、人材、資格、団体・グループ、教材などに関する情報を指し、これらの情報は学習の場への案内の機能をもつことから「案内情報」と呼ばれ、学習者と学習資源とを結びつける役割を果たしている。「案内情報」を内容別に分類すると、次の五つに要約される。

(1)　人に関する情報――あるテーマに対して専門的な知識や経験をもつ指導者に関する情報から、実際に学習活動を行っている、様々なグループやサークルなどの団体・組織の情報を含む。

(2) 物に関する情報――生涯学習センターや公民館、図書館、博物館（動物園・水族館・植物園などを含む）などの社会教育施設および類似の機能をもつ施設やそこに保管されている図書や視聴覚教材などの学習メディアに関する情報（施設開放を行っている学校も含む）。

(3) 学習機会に関する情報――地域の様々な機関や団体が企画し、学習者に対して広く参加を求めているような学習、レクリエーション、スポーツなどの公開講座やイベントなどの情報。

(4) 各種資格に関する情報――資格に関する基本的なデータの提供から資格取得に必要な手続き、必要な学習方法、資格取得後の活用方法に至るまでの一連の学習プロセスにかかわる情報。資格ナビゲーターなどでは、学習相談の中でアドバイス的な情報と組み合わせて提供される場合がある。

(5) 情報源に関する情報――もともと図書館ではレファレンスブックと呼ばれていた各種の事典やハンドブックの類を指すが、インターネットによる情報検索の普及に伴い、Yahoo! JAPAN などのサーチエンジン（情報検索機能をもったウェブサイト）などに関する情報も含まれるようになった。

「アドバイス的な情報」は学習相談を通じて提供されることが多く、「学習する内容そのものの情報」は学習者が学習活動を通じて獲得する知識や技術等の情報であるが、近年ではeラーニングなどの情報通信技術（IT）メディアを使った学習において講義内容がまるごと提供されることも多くなっている。なお、情報通信技術（IT）にかわって、前述のICTの語が多く使われる傾向にある。

学習情報提供の方法についてみると、①インターネットによるものとして、国の教育情報ナショナルセンター（NICER）や各都道府県の学習情報提供システム、および各種団体や企業、個人が管理するホームページによるものなど、②テレビ（CATVや衛星放送を含む）やラジオなど放送メディアによるもの、③DVDやCD-ROM、ビデオなどの視聴覚メディアによるもの、④生涯学習情報ハンドブック等の冊子によるもの、⑤パンフレット、チラシ、

表12-1　IT 活用の生涯学習支援のタイプ

生涯学習社会の条件	学習情報の提供		コンテンツ等の作成者	
			行政・施設等	学習者
生涯のいつでも自由に学習機会を選択して	案内情報の提供		A	B
生涯のいつでも自由に学ぶことができる	内容情報の提供	知識・情報提供型	C	D
		交流型	—	E
その成果が適切に評価される	学習成果の評価情報の提供		F	—
	アドバイス情報提供		G	—
	間接支援情報の提供		H	—

（日本視聴覚教育協会『平成16年度　IT を活用した生涯学習事業プランニング講座』第2講〈浅井経子担当〉講義資料）

ポスター、広報誌（紙）等によるもの、⑥口コミによるもの、⑦学習相談を通して行われるものなどがある。

ITを活用した学習情報提供のタイプ

表12－1は浅井経子による「ITを活用した生涯学習支援のタイプ」別に学習情報を分類したものである。

浅井はタイプの抽出にあたる観点として、一九九二（平成四）年の生涯学習審議会答申で提示された生涯学習社会のイメージをベースに、①提供される学習情報の種類と②コンテンツ（提供される情報）等の作成者の種類に着目し、両者の組み合わせからIT活用の生涯学習支援のタイプを抽出している。

(1)　提供される学習情報の種類として、浅井は次の六種類をあげている。

①案内情報
②内容情報（講座等で提供する知識・情報等）
③内容情報（交流などで相互に提供しあう知識・情報等）
④学習成果の評価情報
⑤アドバイス情報（学習相談などで提供される情報）
⑥間接支援情報（行政、専門職等の学習支援者が必要とする情報）

これらの学習情報を生涯学習社会のイメージにあてはめていくと、

ｉ　人々が「生涯のいつでも自由に学習機会を選択できる」ようにするには、案内情報の提供やアドバイス情報の提供が必要

ⅱ「生涯のいつでも自由に学ぶことができる」ようにするには、内容情報の提供が必要

ⅲ「学習成果が適切に評価される」ようにするには、学習成果の評価情報の提供が必要であるということになる。

表12－1の中で、アドバイス情報が案内情報とは別にして取りあげてある理由として、浅井は「アドバイス情報は主として学習相談で提供されるものである。学習相談は学習プロセスの全体に関わって助言等を行うもの」と説明している。

また、内容情報が二タイプに分けてある点については、「講座等では専門的な知識・技術等が提供され、交流等では必要な情報が交換されたり親交を深めるための情報等が伝えられたりするので、情報の質に違いがあると考えられるため」と説明している。

間接支援情報というのは聞き慣れない表現であるが、これは行政機関や生涯学習関係施設等が、事業評価や自己点検・評価、指導者の養成や研修を行う際に必要な情報のことを指す。つまり、学習者に直接提供される情報ではなく、生涯学習の支援者に提供される情報ということができる。

(2)　コンテンツ（提供される情報）等の作成者の種類については、二つのタイプを想定している。

ア　従来の学習情報提供のように、行政機関や生涯学習関係施設（委託された専門家を含む）等がコンテンツを作成する場合

イ　ホームページ作成講座などのＩＴを活用した生涯学習事業に参加した学習者が、学習成果を活かしてコンテン

ツを作成する場合

実際には、アとイのいずれか一方ではなく、両方が混在している場合も多いが、「そのような場合は、当該生涯学習支援がどちらを主な特徴としているか」を基準に分類している。

では、表12－1で浅井が抽出したAからHまでのタイプを個別にみていこう。なお、表の中で「－」が記入されているところは、現時点では公的な学習情報提供においては事例の蓄積が十分ではない部分であるが、学習者同士によるアドバイス情報提供は、BBS（電子掲示板）やメーリングリスト、SNS（ソーシャル・ネットワーキング・サービス）などのネットワーク上の私的な交流の部分では活発に行われているということを指摘しておきたい。

Aタイプ――案内情報を提供するもので、行政機関や生涯学習関連施設等がそのコンテンツを作成するタイプ。例えば、「ひょうごインターキャンパス」などの自治体の学習情報提供システムや、職員が各施設のホームページを作成する場合などがあげられる。

Bタイプ――案内情報を提供するもので、学習者が主体的にコンテンツの作成にかかわるタイプ。公民館のホームページを学習者が作成したり、学習者が学習成果を活かして地域の生涯学習に関する案内情報を発信するホームページを立ち上げたり、メールマガジンを発信することなどがあげられる。

Cタイプ――知識・情報等の内容情報を行政機関や生涯学習関連施設が提供するタイプ。行政機関等が地域に伝わる郷土資料や記録文書などをデジタル化してアーカイブとして保存・公開したり、インターネット講座を開設したりすることなどがあげられる。この場合、インターネット講座等のコンテンツ作成は専門家に委託する場合も多い。

Dタイプ――知識・情報等の内容情報を学習者が作成するタイプ。「富山インターネット市民塾」では、市民が学習成果を活かして、コンテンツを作成し、インターネットの講座とスクーリングや現地体験といった対面型の講座を組み合わせて提供している。

Ｅタイプ――学習者同士がＩＴを活用して交流し、相互学習を行うタイプ。例えば、学習者同士がパソコンを教え合いながら交流したり、インターネットを使って遠隔地の学習者同士が交流したりすることなどがある。

Ｆタイプ――行政機関や生涯学習関連施設等が、学習成果の評価情報の提供サービスを行うタイプ。例えば、独立行政法人科学技術振興機構「Ｗｅｂラーニングプラザ」は、技術者の継続的能力開発や再教育の支援を目的とし、科学技術振興機構が無料にて提供する、技術者向けｅラーニングサービスである。そこには、情報通信、環境、ナノテクノロジー・材料、ライフサイエンス、電気電子、機械、化学、社会基盤、安全、科学技術史、総合技術監理などの分野があり、ナレーションとアニメーションで学習を進める各分野別に整理された教材群が用意されている。各「分野」には一から複数の「コース」があり、それぞれのコースを修了すると、希望者にはＰＤＦファイルで作成された「修了通知」がｅメールで送られてくる。

また、「ひょうごインターキャンパス」には、利用登録を行った学習者がＩＤとパスワードを与えられて、自分のみがログインできる「マイページ」をもつことができる機能がある。マイページの中にある「学びの履歴」メニューは、自分の学習履歴を入力し、それを蓄積・管理することができる「生涯学習パスポート」ともいえるものである。

Ｇタイプ――行政機関や生涯学習関連施設等が学習相談にかかわる情報を提供したり、ＩＴを活用して学習相談窓口を開設したりするタイプ。「ひょうごインターキャンパス」には、「マイページ」の利用登録者に対して、インターネットで学習相談を受け付けるサービスを提供している。利用者はまず、ＦＡＱ（よくある質問に対する回答）に目を通したうえで、ウェブページ上に相談内容を入力して送信する。相談への回答は、県内の生涯学習機関や生涯学習リーダーバンクに登録した専門家の協力を得て、ｅメールなどによって行われる。

Ｈタイプ――生涯学習の支援者に対する間接支援情報を、行政機関や生涯学習関連施設等が提供するタイプ。事業評価や自己点検・評価、指導者の養成や研修を行う際に必要な情報が提供される。

2　インターネットによる生涯学習情報提供

教育情報ナショナルセンター（NICER）

政府による、教育情報ナショナルセンターの構想は、小渕総理大臣の時代に、総理直轄で組織された「教育の情報化プロジェクト」において、当時の文部省をはじめ、通産省、郵政省、自治省、内閣官房内政審議室が協力して、わが国における教育の情報化の在り方が検討されたことを端緒とし、一九九九（平成一一）年一二月に「教育の情報化プロジェクト」報告の中で教育情報ナショナルセンターの具体的な構想が提言されている。その後、文部科学省を中心として、経済産業省、総務省とが連携して開発を推進し、二〇〇一（平成一三）年四月に国立教育政策研究所において教育情報ナショナルセンターの機能整備に関する開発が着手された。

インターネットによる情報提供サービスは、二〇〇一（平成一三）年八月三一日より開始され、毎年リニューアルをして、利便性の向上を図っている。二〇〇六（平成一八）年三月には「生涯学習情報収集・提供検討会」の検討結果をふまえて、登録されている生涯学習情報を大幅に増加させ、かつて文部科学省生涯学習局が開設していたホームページ「まなびネット」の後継的なサービスを提供してきている。このシステムでは、地域の生涯学習情報提供システムや国の各省庁のホームページから半自動的にデータを収集する機能があり、収集したデータには、LOM（Learning Object Metadata）と呼ばれる分類情報を付加して、検索の利便性を高める工夫がみられる。メタデータとは、情報検索システムの検索の対象となるデータを要約したデータのことをいい、図書館情報学の分野では書誌情報と呼ぶこともある。例えば書籍であれば書名や著者名、出版社名、発行年月日等のほか、関連キーワードなどを含めるのが一般的であるし、教育的な特徴のメタデータとしては、「情報の種類」（教材・学習指導案・教員研修など）、「想定利用者」（学習者・教員・保護者）、「教育分野」（幼児教育・高等教育・生涯学習など）、「対象年齢」（小学校入学前・小学校・小一・・・大学、二〇歳代・・・六〇歳以上など）などが設定されている。

3　学習情報提供としての学習相談

学習相談の多様性

学習相談とは、おもにアドバイス的な学習情報提供とともに行われる、学習者や学習グループに対する個別の生涯学習支援である。また、学習相談の担当者がカウンセリングの技能をもち合わせている場合には、学習上の悩みや問題の解決を図るための心理的な援助が行われる場合がある。

学習相談の目的や機能は、個々の学習者のニーズによって変わってくる。おもなものをタイプ別にみると、(1)学習目的探求型、(2)問題解決依頼型、(3)目標達成支援型、の三つがある。

(1)　学習目的探求型──「学習したいが何を学習してよいのかわからない」などといった漠然とした内容の相談をもちかけるタイプ。自らの意思ではなく、家族らに無理やり勧められて相談してくる場合もあるので、学習相談の担当者は、相談者の学習意欲を見極める必要がある。学習意欲の高い相談者には、面談や適性テストなどを通じて潜在的な学習ニーズを探り、案内情報を提供するなどして具体的な学習活動が始められるように支援していく。相談者の学習意欲があまり高くない場合は、結論をあせってはいけないが、相談してくるということは多少なりとも学習ニーズがあると思われるので、相談者が継続して相談をしてくることができる雰囲気づくりなどが求められる。

(2)　問題解決依頼型──学習活動を行う際に直面する様々なトラブルの解決に向けての助言を求めるタイプ。トラブルの内容としては、人間関係や講座レベルのミスマッチ、グループの運営がうまくいかないなどといったことがある。このタイプへの対応の基本は、学習者の悩みに耳を傾ける「傾聴」の姿勢である。悩みの程度が軽い場合には、話したいことをすべて話したらすっきりすることもある。深刻な悩みの場合は、相談担当者が一人で解決しようとしないで、心理カウンセラーやソーシャルワーカーといった相談援助のプロの助言を得ながら問題の解決への糸口を探すことになる。

(3) 目標達成支援型――すでに学習を始めていて、ある程度のレベルにまで達している学習者が、よりいっそうの向上をめざして相談してくる場合がある。こういった学習者は生涯学習相談のレベルを超える専門的な相談をすることも少なくない。相談担当者が不得手とする分野の相談の場合は、知ったかぶりやいい加減な受け答えをせず、専門家や専門機関に照会するのが適切な対応であるといえる。

学習相談の方法は、面談や電話によるものが一般的であるが、インターネット上のウェブページやeメールによるものも増えてきている。しかし、情報機器を使いこなせない高齢者や障害者に対する学習機会を保障するためには、郵便やFAXを使う方法も存続させる必要があるだろう。

学習相談員に求められる資質・能力

学習相談員に求められる資質・能力として、浅井は主として次の四つの要素があると指摘している。

(1) 基礎的資質やコーディネート能力：生涯学習とはどのようなものか、地域の生涯学習推進はどのようなものか、などの知識が求められる。また、学習者のニーズと関係機関・施設等のニーズとの調整も必要な場合もあるので、コーディネート能力も求められる。

(2) 情報収集・処理に関わる能力：地域の学習情報提供システムの構造を理解し、情報検索ができること、身近な地域情報の収集・整理・保存ができること、他の相談窓口とのネットワークを築くことができること、などがあげられる。

(3) コミュニケーションに関わる能力：学習者の話をよく聞くことができること、わかりやすく話をすることができること、などである。

(4) 学習技法に関わる能力：調べ方、メディアの使い方、討議法、学習活動の状態を客観的に評価する仕方、問題解決技法、学習計画の立て方、仲間づくり、学習プログラムの立案方法、団体運営の方法、などの「学習の仕方」に熟知していることである。

（浅井経子「学習相談」日本生涯教育学会編『生涯学習研究e事典』http://ejiten.javea.or.jp/）

また、これらに加えて、学習相談の場ではプライバシーにかかわる情報を扱うことも多いため、相談者から得られた情報については秘密保持を厳守し、相談者の了解なしに第三者に伝えてはならないという「守秘義務」が発生する。さらに、アドバイスを行う際には、相談者に理解しやすい形で情報の提供を行い、また相談者の同意なしに勝手に事をすすめてはならないという「説明と同意（インフォームド・コンセント）」の姿勢を厳守する必要がある。

4　学習情報提供と学習相談の課題

情報格差（デジタル・ディバイド）

インターネットを利用した学習情報提供の普及は、生涯学習の分野においても情報格差（デジタル・ディバイド）という新たな課題をもたらした。情報格差とは、パソコンやインターネットなどの情報技術を使いこなせる者と使いこなせない者の間に生じる、待遇や貧富、機会の格差のことであり、個人間の格差の他に、国家間、地域間のブロードバンド（高速インターネット）の整備状況がもたらす格差を指す場合もある。

例えば、情報活用能力（情報リテラシー）の高い一部の若者や高学歴者、高所得者などが仕事や学習の場で情報技術を活用して、生活を充実させ、ますます高収入や雇用を手にする一方、情報リテラシーを修得する機会に恵まれず、コンピュータを使いこなせない高齢者や障害者、および貧困のため情報機器を入手できない人々は、よりいっそう困難な状況に追い込まれるという現状がある。ここでは、人びとの生活を豊かにするための情報技術が、かえって社会的な格差を拡大、固定化する現象を引き起こすという皮肉な現象を生み出しているのである。

二〇〇五（平成一七）年五月に内閣府が行った『生涯学習に関する世論調査』によると、生涯学習の機会についての要望（複数回答）として、「パソコンやインターネットを活用した学習機会を充実する」が二一・二％で、「公民館などにおける都道府県や市町村などの自治体の講座や教室を充実する」（三七・九％）についで多く、生涯学習に関する情報通信技術（ＩＴ）の活用意向をみても、約半数の四九・九％の人が「してみたいと思う」と回答している。しかし、その反面「してみたいと思わない」と回答した人も四二・六％おり、そのうちの六一・三％もの人が「パソコンやインターネットを使うつもりはない」と回答している。回答者の属性別にみると、ＩＴの活用に消極的なのは性別では大きな違いはないものの、都市規模別にみると「町村部」、年代別にみると「六〇歳代、七〇歳以上」で高くなっており、居住地域や年齢によって情報リテラシーに差異があることを裏付けている。

個人情報保護と情報セキュリティ

インターネット上での個人情報の流出や漏洩といった問題が各所で頻発している。その原因の多くが「ヒューマン・エラー」と呼ばれる人為的なことに起因するといわれる。生涯学習情報提供や学習相談を行う場合も、個人情報を取り扱うことになるため、個人情報の管理には万全を期す必要がある。個人情報保護のための基本的な対策としては、

①システム面での欠陥（セキュリティ・ホール）がみつかった場合には早急に対処する、②個人情報保護のための指針（ガイドライン）を策定する、③個人情報の取扱者に対する教育を徹底するなどといったことがある。

実際に生涯学習機関がどのような個人情報保護対策をとっているかについて、二〇〇五（平成一七）年に厚生労働省・文部科学省管轄の財団法人高度映像情報センターが全国の九四機関を対象に行った調査の結果をみてみよう。

(1)　個人情報を取り扱っている業務

「講座・催事等の申込み者・受講者」八五件、「講座等の講師」八三件、「団体・サークル情報等の代表者等」七一件、「貸し施設利用者」五二件、「視聴覚教材・図書資料等の利用者」四六件、および「学習相談等」三二件の業務で個人情報が扱われている。「インターネット講座受講者」一三件、「メールマガジン読者」一三件、「メーリングリストメンバー」八件等は、取り組み自体がまだ少ないため回答件数は少ないが、一件あたりの対象者（インターネット上でのサービスの利用登録者）は三〇〇人程度となっている。このほか「各種委員会・協議会のメンバー等」五九件、「職員（正職員・嘱託・非常勤・人材派遣等）」七一件であった。

(2)　取得している個人情報の内容

扱っている個人情報としてはすべての業務において「氏名」「電話」「住所」の三つが多くなっており、「性別」や「年齢」が続いている。特徴的なものとしては「講座等の講師」や「各種委員会・協議会のメンバー等」の「所属」「経歴等」および「銀行口座」情報や、インターネット上のサービス利用者の「eメール」などがある。

(3)　個人情報保護のために重要な対策

「職員（正職員・嘱託・臨時・派遣等）への教育の実施」七〇件、「不要になった個人情報の廃棄」六四件、「情報技術面での対策の強化（ファイアーウォール、認証システム、暗号化通信等）」六〇件、「情報セキュリティポリシー、プライバシーポリシーの策定」五九件、「施設上のセキュリティ対策の強化」四一件の順に多くなっている。最も重要な対策という結果が出た「職員への教育の実施」の方法については、講師と受講者が顔をつき合わせて行う集合研修が一番効果が高いが、職員全員に教育を受けさせるためには、受講者の都合に合わせることができ、個人の理解度チェックや学習履歴管理のできるeラーニングシステムを併用することも有効であろう。

(4) 個人情報保護と情報の活用について

「取得する個人情報は業務運営上支障のない範囲に絞るようにしたい」七五件、「個人情報の流出防止を最優先に考えたい」五八件、などといった流出防止対策を重視する回答が多かった一方で、行き過ぎた個人情報保護を警戒する考えとして「法律や条令、規定等について、情報発信や情報活用事業が縮小傾向にならないようにしたい」という回答が二三件あった。

ホームページ作成講座などのITを活用した生涯学習事業では、作品や実施事業のレポートを参加者自身や担当講師らがホームページ上に掲載することも多く、参加者の画像（顔）や名前等、個人情報に該当するものがインターネット上に公開される事態が容易に起こりうる。こういう場合の対策としては、講座の募集案内等で事前に撮影やホームページでの公開を告知し、参加者に了解を得て実施するか、インターネット上で公開しても差し支えない情報のみを参加者に選別させるといったことが考えられる。いずれにせよ、個人情報保護を気にしすぎるあまり活動を自粛してしまっては元も子もない。また、他人が作成した画像や文書をインターネット上で公開する際には、著作権の問題が発生するため、著作権者の了解を得るなどの手続きも必要となる。

ユビキタス・ネットワーク社会において学習情報提供や学習相談を展開していく際に、インターネット上のコミュニケーションを円滑に進めるためには、オンライン・コミュニティの特性をよく理解した、いわば「オンライン・ファシリテーター」のスキルをもった人材が不可欠であると思われる。また、資格などの専門的な内容に関する学習相談の実施にあたっては、生涯学習相談の範疇を超えることも予想されるので、就職に関することは「キャリア・アドバイザー」、講座の受講や教材の購入をめぐるトラブルに関することは「消費生活相談員」などというように専門性をもった人材との相談ネットワークをオンライン上に構築することも有効であろう。

参考文献

浅井経子編著『生涯学習概論』理想社、二〇〇二年
井内慶次郎監修、山本恒夫・浅井経子・伊藤康志編著『生涯学習［eソサエティ］ハンドブック』文憲堂、二〇〇四年
佐々木正治編著『21世紀の生涯学習』福村出版、二〇〇〇年
『生涯学習支援ハンドブック――基礎編』兵庫県立神戸生活創造センター生涯学習プラザ、二〇〇六年
『ネットワーク社会における生涯学習 vol.5――生涯学習に問われている課題の考察とeラーニング事例』高度映像情報センター、二〇〇五年
山本恒夫編著『生涯学習概論』東京書籍、一九九八年

参考ホームページ

教育情報ナショナルセンター（NICER） http://www.nicer.go.jp/
独立行政法人科学技術振興機構「Web ラーニングプラザ」 http://weblearningplaza.jst.go.jp/
富山インターネット市民塾 http://toyama.shiminjuku.com/
内閣府「世論調査」 http://www8.cao.go.jp/survey/
日本視聴覚教育協会 http://www.javea.or.jp/
日本生涯教育学会編『生涯学習研究 e事典』 http://ejiten.javea.or.jp/
ひょうごインターキャンパス http://www2.hyogo-intercampus.ne.jp/

第13章　生涯学習成果の評価と認証

1　生涯学習成果の評価と認証をめぐる動向

学歴偏重社会是正のキーワードとしての「生涯学習成果の評価」の登場

日本で生涯学習の理念が導入された動因の一つに、学校偏重の風潮への警鐘があることは周知の通りである。当初、学校と学齢期以外にも様々な学習機会があることを強調することで学校偏重主義に拠る問題の解決を図ることが企図された。これが、一九八〇年代に入ると、学外の学習機会に加えて、学外の学習成果とその評価・活用にも視線が向けられるようになる。

一九八一（昭和五六）年の中央教育審議会答申「生涯教育について」では、生涯学習理念のもとで、学歴偏重社会の打破に向けて、学校外の学習成果も尊重する学習歴社会の構築をめざすことが次のように謳われている。

我が国には、個人が人生の比較的早い時期に得た学歴を社会がややもすれば過大に評価する、いわゆる学歴偏重の社会的風潮があり、そのため過度の受験競争をもたらすなど、教育はもとより社会の諸分野の種々のひずみを生じている。今後、このような傾向を改め、広く社会全体が生涯教育の考え方に立って、人々の生涯を通ずる自己向上の努力を尊び、それを正当に評価する、いわゆる学習社会の方向を目指すことが望まれる（傍線は筆者）。

同答申は、答申として初めて「生涯学習」の定義が出てきたことで知られるものであるが、同時に、学歴偏重社会是正のキーワードとして、「学習成果の評価」を導入したことでも注目に値する。

基本的方向としての「評価の多元化」と生涯学習社会の構築

その後、臨時教育審議会の議論に引き継がれ、生涯学習成果の評価は「評価の多元化」を基本方針とすることが打ち出される。「いつどこで学んだか」ではなく「なにをどれだけ学んだか」を評価する生涯学習社会の構築に向けて、「…人間の評価が形式的な学歴に偏っている状況を改め、どこで学んでも、いつ学んでも、学習成果が適切に評価され、多面的に人間が評価されるように人々の意識を社会的に形成」(第二次答申)していくことが同審議会では標榜された。ここで着目したいのは、「多元化」の具体的な方策と意味合いである。同第三次答申では、自己評価の重要性が指摘されながらも、具体的な策として提案されたのは、学校や地域、職場間での成果の流動性の拡大や学校外学修成果の評価、学校や地域、職場等社会的な場での活用についてなど、評価における社会的側面である。こうした提案を受けて、一九八〇年代後半から一九九〇年代にかけては、ボランティアや地域活動などの学校単位化や特定企業内における資格の企業外資格化など様々な学外学修成果の学校資格化や職業資格化の実践が広がっていく。

生涯学習社会の定義としてよく知られている、「今後人々が、生涯のいつでも、自由に学習機会を選択して学ぶことができ、その成果が社会において適切に評価されるような生涯学習社会を築いていくことを目指すべきである」という一九九二(平成四)年生涯学習審議会答申の文言からも、学習成果の評価について学習者個人の側面よりも社会的側面が強調されていることがうかがえる。この定義はまた一九八〇年代の生涯学習成果の評価政策の到達点でありかつその後の生涯学習社会のあり方に評価が欠かせないことを示すものとして捉え返すことができよう。

学習成果の活用面への傾斜と「認証」システムの構築

一九九〇年代後半から二〇〇〇年代に入ると、生涯学習審議会答申「学習成果を幅広く生かす——生涯学習の成果を生かすための方策について」(一九九九〈平成一一〉年)を受けて、学習成果の「活用」が強調され、あわせて、活用への橋渡しとしての「認証」がキーワードとして登場する。同答申では、活用の方途が、「個人のキャリア開発に生かす」「ボランティア活動に生かす」「地域社会に生かす」の三方向から提案される。個人のキャリア開発に関しては、これまでの施策をさらに推進する形で、高等教育機関や企業に対して、当該機関外・当該企業外の学修成果の活用方策の拡充や機関内外・企業内外での学修成果の流動性の向上などを求めている。

さらに注目すべきは、こうした活用や流動性を担保する具体的な方法論として、「学習活動の事実確認とその証明、公示の機能」（同答申）をもつ「認証」という考え方が提起されたことである。多様な個々個別の学習成果に対する学習者自身の自己評価や相対的に社会的認知度の低い他者評価に対して、権威ある第三者機関が事実確認しその証明をすることで、成果の活用を簡便にし、学習者各人の成果の社会的流動性を高めようとする考え方である。認証により、特定の場所や機関、特定地域で学んだ成果を、全国どこでも活用できることがここでは見込まれている。権威ある第三者機関に相当するのはだれなのか、自己評価の事実確認は果たして可能なのか、認証されることで積み残されてしまう自己評価はないのか、等々残されている課題は多いが、学習成果の活用の拡大可能性と学習者にとっての励みとしての評価という面では一定の効果が見込まれる。

2　生涯学習成果の評価と認証をめぐる論点

学習における自発性と学習成果の評価との齟齬

生涯学習実践に学習成果の評価を持ち込むと、学習者から疑義を呈される場面に度々遭遇する。「好きでやっている学習をなぜ他人に評価されなければならないのか」という声や「生涯学習活動で評価を受けるメリットはどのようなものなのか」という声などがその代表格である。

先の一九八一答申でも、生涯学習とは「各人が自発的意志に基づいて行うもの」と明確に定義されているように、生涯学習は学習者が自ら進んで行うものであり、それゆえに、評価は不要であるという考え方はいまだ根強いように思う。以前筆者自身が担当した社会教育の講座で、学習成果の評価は不要と考える受講生たちに彼ら自身の評価観を問うたところ、点数化、減点評価、成績、ランク付けなどいわゆる旧来の学校教育型評価の弊害が列挙されるに至った。評価の主体としての学習者の不在に、評価アレルギーをみる思いであった。

本来、評価とは、自己評価と他者評価の両面を含み、そこには、当初の目標達成度をふり返る機能に加えて、目標から成果に至るまでの道筋を点検する機能、さらには次なる学習への意欲の高揚の源となる機能も有し、学習の継続・発展には欠かせないものである。評価の主体かつ選択主体者となり得る学習者に対して、評価の本来的意義と自己評価のメリットを明確にし啓発していくことで、旧来の評価観の呪縛から自由になるべく推進することが必要であろう。自発的意志に基づく学習と生涯学習型評価に齟齬はないこと、さらには、生涯学習型評価によりさらに自発的な学習への意欲が高まる可能性があることを、学習者が実感できるような支援をとりたい。

生涯学習成果の評価システムと自己評価

すでにみてきた通り、一九八〇年代から一九九〇年代にかけての動向を鳥瞰すると、多元化という方針のもとで、生涯学習成果の社会的評価・活用が強調されていることに気づく。これに対しては、「学習成果の多元化の行き着くところはこれまでの学歴主義が資格に拡大され資格のみを重視する資格社会ではないか」（市原光匡「社会教育・生涯学習研究における評価論の展開と課題――学習成果の評価に注目して」『東京大学大学院教育学研究科紀要第四四巻』、二〇〇四年）という批判から免れることはできないように思う。

多元化を推進する岡本包治は、「資格の増大と生涯学習の拡大化とは同一の路線ではな」く、生涯学習社会における「学習成果の評価はまず、自己評価が前提となる」と反論する（岡本包治「生涯学習成果の評価—その考え方と展開」『教育と情報』、第一法規出版、一九九〇年）。

しかしながら、多元化の具体策として、相対的に社会的認知度の低い評価の領域を相対的に社会的認知度の高い評価の領域に合わせていくという手法がとられていることは、まさに学歴社会が生成された過程と同方向に映る。また、生涯学習成果の多元的評価システムの一つの完成形として、認証を媒介とした、学校内外・職場内外で獲得される様々な学修成果がそれぞれ独自の意味合いを保ちつつも相互交換的に評価される仕組みができあがったとしても、そこに組み込まれるべき自己評価は、個々の学習者が望む自己評価という視点よりもむしろ、システムに照合しやすい自己評価という視点が優先される危険性は高いのではなかろうか。

さらに、生涯学習システムの一翼に評価システムが位置づくとすれば、自己評価に制限が加わるのと合わせて、システムに組み込まれた評価法で評価される成果については、システムで管理される可能性がある点も看過できまい。このことは、本来自己主導的学習を指向すべき生涯学習において、他者管理（システム管理）の様相が強まる危険性につながる。

生涯学習理念の原点に立ち返り、今一度、学習者の視点を出発点とした自己評価のあり方が模索される必要があるのではなかろうか。システムに組み込むことを前提とした自己評価ではなく、まさに学習者自らがメリットを実感できるような、学習者のための自己評価のあり方を探究しその成果を学習者に提案していくことで、真に評価の意義を学習者自身が納得することができるのではなかろうか。生涯学習支援においては、システムづくりと学習者中心の両輪が必須要件と考える。

3　生涯学習成果の評価と認証の現状と今後の方向性

生涯学習成果の評価の特質

多義的・多面的に捉えられる生涯学習実践において、多元的な学習成果の評価を行うとなると、その具体的評価法の種類は数限りなく想定できるであろう。ある程度統一化された成績表や各種資格・免許のように統一的なテストや審査といった括りでは、生涯学習成果の評価法は捉えきれない。

そこで本書では、ある特定の評価法に焦点を当ててその特質や開発の手順・留意点を論じるのではなく、生涯学習実践において学習成果の評価をする場合の枠組みを中心に提案していきたい。その際、すでにふれたように、生涯学習成果の評価システムの構築と生涯学習者にとっての評価という二つの視点を含んで、生涯学習型学習成果の評価のあり様を論じていく。

表13－1と表13－2は、学習者自身に、学習成果の評価の意義と評価法に対するニーズを尋ねた結果をまとめたものである。ここから、学習者の視座にたって学習成果の評価の特質の一端を述べたい。

表13－1から、学習者が、まずは自分自身のために評価を望んでいることは明らかである。それでは、自分自身に資する評価とは学習者が自分で行い得るものと考えているかといえば、評価を望む回答者のうち、三割強の人はそう考えていることが表13－2からわかる。しかしながら、一方でそれよりも多くの人が相互評価を含む他者評価を合わせて望んでいることも同表からは見てとれる。学習者自身の意向にそうならば、学習者が自らのためになったと実感できる評価を、自己評価から多様な他者評価に至るまで準備しておくことが必要なようである。

評価主体別にみた生涯学習成果の評価の枠組み

こうした学習者自身の意向と生涯学習成果の評価システムの構築を念頭におくと、評価主体別では図13－1のような枠組みが想定できる。

まず、自分か自分以外のいずれかが設定できるであろう。前者は自己評価と呼ばれ、後者は他者評価と呼ばれる。

生涯学習成果の評価システムにおいては、自己評価をベースとして他者評価が構築されることが目指されている。このことに配慮すると、図13－1で評価主体間の双方向の矢印で示したように自己評価と他者評価は連動するものとなるが、一方で、他者評価を意識しない自己評価の存在にも考慮しておきたい。ここでいう自己評価とは、学習者自身が、自らの評価をシステムに組み込むことを望まず、成果の活用は勿論、励みとしての意味合いでの他者評価さえも求めないものを指す。しかしながら、本人の希望とやり方次第では、他者評価のベースとなる自己評価への切り替えもあり得るという点で、図13－1ではこの双方向の矢印でつなげてある。この

表13－1　学習者が考える学習成果の評価・活用の意義

評価・活用の意義 （誰のためか・何のためか）	%（人）
自　己	94.6(317)
地　域	50.7(170)
キャリア	34.9(117)

（広島県教育事業団『行政機関，大学，民間教育事業者等の広域的な連携方策に関する研究開発報告』，1998年）

表13－2　評価法に対する学習者のニーズ

評価法に対するニーズ	%（人）
1　自分自身で行う	31.3(51)
2　学習する仲間どうしで行う	22.1(36)
3　学習プログラムを提供した人や機関が行う	36.8(60)
4　授業を担当した講師や指導者が行う	48.5(79)
5　学習内容に関連する専門家や専門機関が行う	46.0(75)
6　高等教育機関かそれに準ずる機関が行う	15.3(25)
7　職場の人や組織が行う	29.4(48)
8　生涯学習成果を評価するために作られた独自の機関が行う	1.2(2)

（表13－1と同じ）

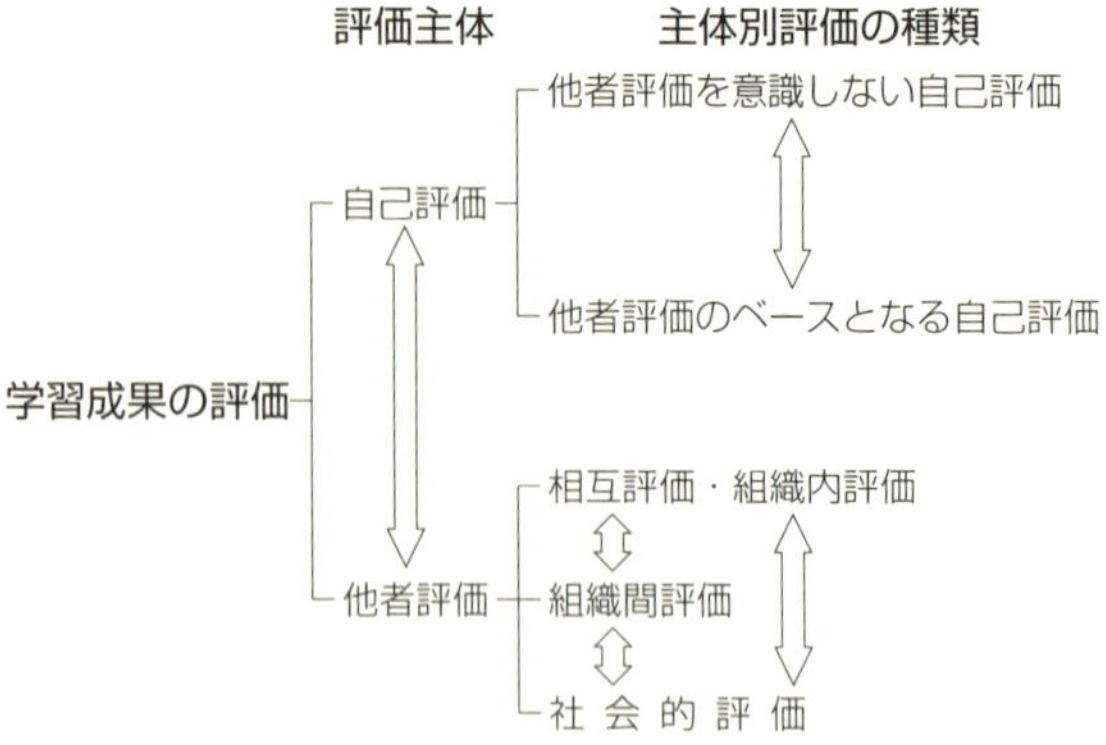

図13－1　生涯学習成果の評価の構造

種の自己評価は、生涯学習成果の活用や評価システムの構築に傾斜している昨今では見落とされがちであるが、自己評価本来の意義に立ち返ると看過できないものだと考える。

他者評価については、評価後の社会的認知度や流通可能性の高低のちがいによって、学習者間の相互評価や特定組織内・特定機関内だけの評価(組織内評価)、複数の組織で通用する組織間評価、より広い範囲で通用する社会的評価の三つに分けて図示してある。いずれも、やり方によっては互換可能性をもっているという意味で、三者間は双方向の矢印でつなげることができる。

生涯学習成果の他者評価の功罪

次に、図13－1のうち、他者評価に焦点を絞る。他者評価とは、学習者本人以外の人や集団、機関等によって学習成果が評価される方法を指す。この場合、他者には、他の学習者、学習機会提供者、学習内容提示者、学習活動促進者、第三者等が想定できる。具体的な方法には、学習者間の相互評価や各種試験の結果、修了証・認定証、各種資格、単位・学位等をあげることができる。

こうした他者評価には、自己発見や自己のふり返り、自信の獲得といった個人的効用もあるが、それ以上に期待されるのが、成果に対する社会的意味付与であろう。すなわち、社会的に活用させたり、複数の成果を互換させたりするための権威づけのツールとしての有用性が他者評価には求められる。権威づけのツールとしてより広く深く機能さ

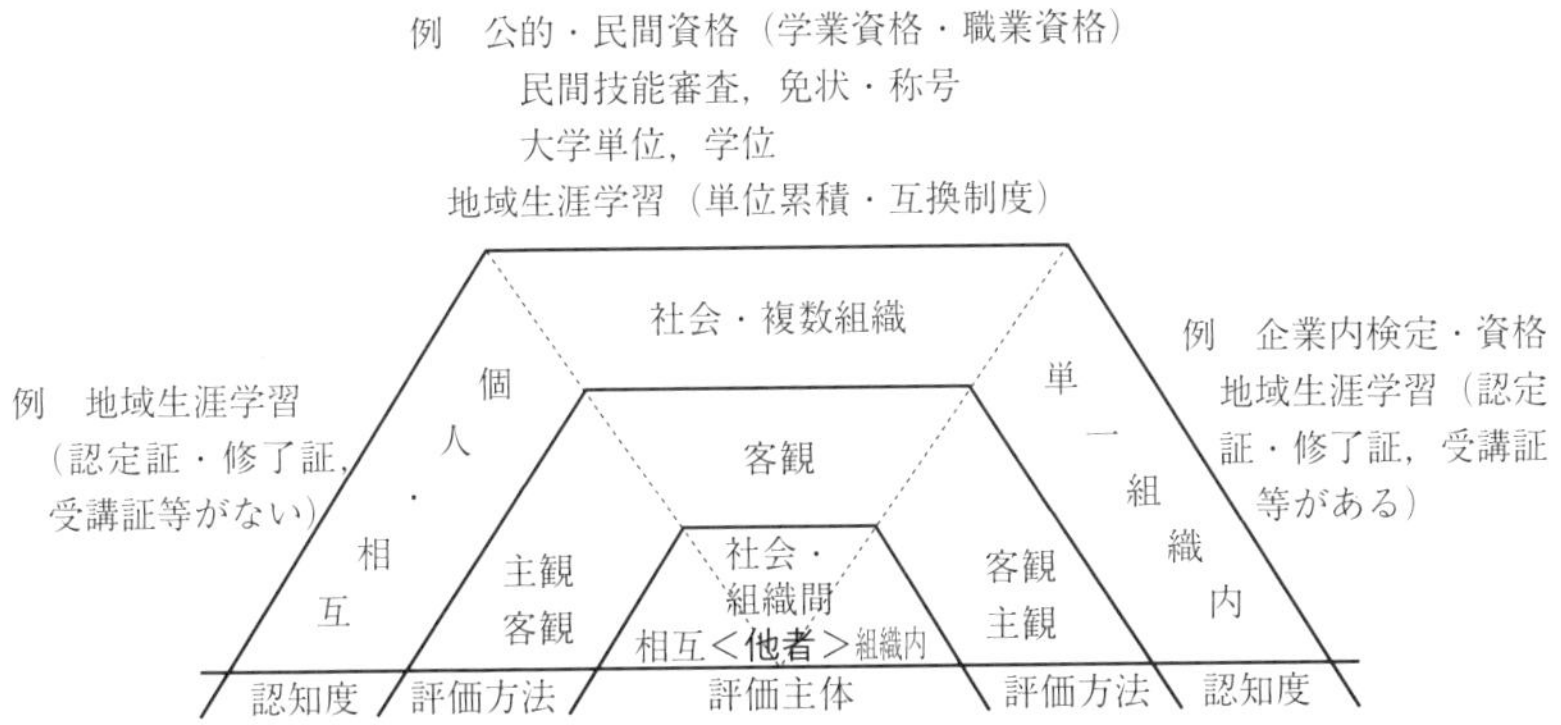

図13－2　生涯学習成果の多元的他者評価システム（山川肖美「生涯学習成果の評価と活用」有吉英樹・小池源吾編著『生涯学習の基礎と展開』〈第三版，コレール社，2002年〉を一部変更）

せるためには、評価主体や評価方法が社会的にどの程度認知されたものなのか、といった視点も外せない。

そこで、評価主体、評価方法、認知度の三つの観点に基づくと、他者評価の現状は図13－2のように多元的に分類されたうえで、一つのシステムとして捉えることができる。

評価主体たる他者は、学習者同士に代表される、二人をベースとしてなされる相互評価、当該組織内での評価、複数組織ないしはより広い範囲で通用する社会・組織間評価の三種類が想定されうる。また評価方法には主観的なものと客観的なものがある。相互評価においては主観的方法をベースとしながら客観的方法も採用されうる。組織内評価においては客観的方法と主観的方法の両方が採用されうるであろう。それに対して、社会・組織間で通用する評価法となるためには、客観性が担保される必要があることはいうまでもない。さらに、こうした評価主体と評価法の選択や組み合わせは、認知度の広がりにつながってくる。主観的方法が主となる相互評価においては、認知度は個人ないしは相互間・グループ内にとどまるであろう。それに対して、組織内評価では、例えば、受講証や修了証などが共通の範型で発行・利用されることで、当該組織内での認知度が得られることになる。また客観的評価に裏づけられた社会・組織間での評価は、社会的に認知され

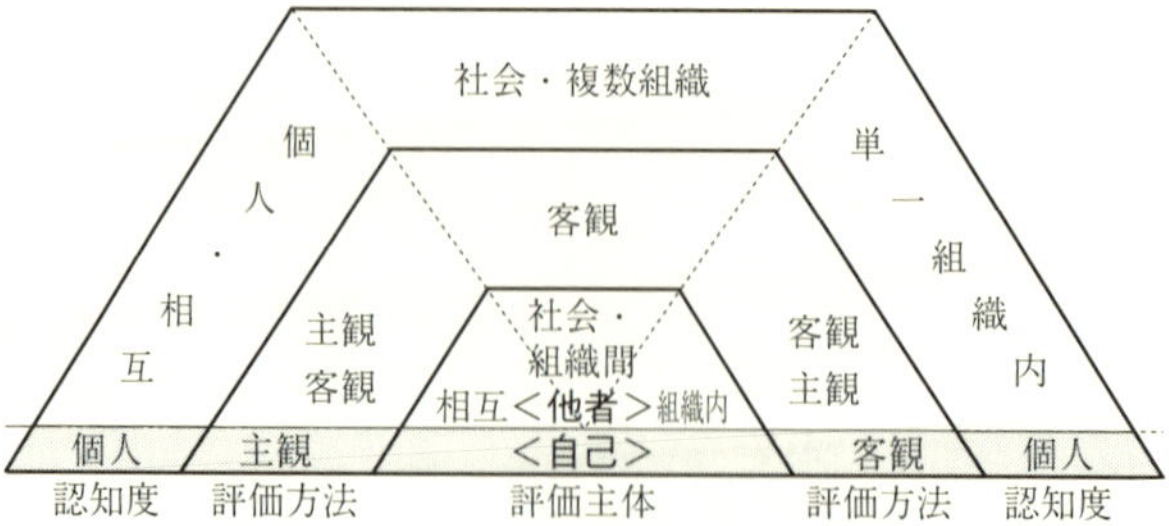

図13－3　他者評価システムのベースとなる自己評価（山川肖美「生涯学習成果の評価と活用」有吉英樹・小池源吾編著『生涯学習の基礎と展開』〈第三版，コレール社，2002年〉を一部変更）

た権威ある認定・認証機関などによる統一様式の評価法をもつことで，評価主体に相当あるいはそれを超えたところでの認知度を得ることが可能であろう。

個々の学習成果に対する社会的意味付与を強化するという観点に立てば，社会・複数組織間で互換可能な評価法の拡充が重要であることはいうまでもない。この面での拡充は，各人が正当に評価された学習歴を広く社会の中で活用していく原動力となり，学歴至上主義の返上にもつながる可能性をもつ。しかしながら一方で，元来認知度の高い学業資格や職業資格に転換させていくことに終始すると逆に資格至上主義を強化する結果にもつながる。またいたずらに生涯学習の成果に互換性をもたせたところで，それが「活用」に結びつかなければ，結局は机上の空論に終わってしまうという問題点も内包していることを忘れてはならないであろう。

他者評価のベースとしての自己評価と認証

自己評価と切り離された他者評価，すなわち，自分にとっての成果の意義が確認できないままに他者評価を行うことへの危惧から，自己評価をベースとした他者評価がなされるべきことが指摘されてきた。この指摘を受けて，自己評価に基づく他者評価となるべくいくつかの方法論が提案され，現状では，図13－3のように構想されている。これにより，学習者が自分自身にとっての意味付与をしたうえで他者からの意味付与を選択的・主体的に行うことができるというメリットが認められる。

一九九九年答申で推奨された生涯学習パスポートはこうした問題意識のもとで開発をみた自己評価の代表格といえよう。また、いわゆる「ボランティア手帳」にも自己評価と他者評価の連動性が認められる。ボランティアを広く社会に浸透させていくための方法論として、ボランティア活動活性化（V活動）ツールなるものが文部科学省によって提案されており、このV活動ツールの一環に同手帳がある。各地域で独自に開発された手帳も散見されるが、広範囲に利用されているものの一つに、アメリカンエキスプレス社や親切会と提携・協働してさわやか福祉財団が開発した手帳（「ふれあいボランティア・パスポート」）がある。

ここでの自己評価は、活動記録として数行程の活動内容と活動日を記入できる様式になっている。これに対して、統一的なスタンプやシールでの確認としての他者評価がなされる段取りになる。ボランティア活動の事実確認とその証明、公示の機能に特化させたものであり、認証を取り入れた手法だといえる。第三者からの認証により、自分自身の活動成果が目に見える形で活用されていくということに学習者は喜びを覚えるであろう。自己評価と他者評価を両立させた手法としての有用性がそこには存する。しかしながら、個々の学習者に固有の意味づけはここからは読みとれない。学習者自身の学習過程の発展に自己評価がどのように機能したのかはシールやスタンプなどから読みとることは困難である。

この種の事例には共通して、自己評価と他者評価が認証によって架橋されるという特長が認められる。自己評価をベースとする生涯学習成果の評価システムを構築していくためには欠かせない視点であり方法といえよう。しかしながら他方では、他者評価につなげるという前提であるがゆえの自己評価法としての限界があることも忘れてはならない。一見すると自己評価をベースにしているようにみえるが、じつは、ベースとなっているのは他者評価なのではなかろうか。システムに馴染みやすい他者評価とそうした他者評価に連動しうる自己評価という枠のなかで自己評価を構想することは、システムに取り込まれやすい自己評価に特化されるおそれがあるのではなかろうか。

学習者中心の自己評価

他者評価と連動した自己評価法の限界を克服するためには、力点を、「システム」から「学習者」に移す必要があると考える。学習者が、一連の学習活動の最終段階に、そこに至るまでの過程と成果をふり返りその後の道を拓く原動力となると認識できるような評価のあり様をここでは考えてみたい。結果として他者評価に通ずる場合もあるやもしれないが、第一義的に学習者自身の糧となる自己評価のあり方に論及したい。

日本では一九八〇年代以降の学習成果や昨今の事業自己評価の必要性論を受けて、学校や社会教育実践の多くの場で何らかの評価が行われるようになってきている。自己評価との関連でいえば、単元や授業、学習プログラム等が一段落した時点で学習者自身によってなされる自己評価法が比較的多く認められる。これらは一般に「ふり返り」と総称される。実践でのふり返りのための評価票は、おおむね次の二つが単独であるいは組み合わされて利用をみているようである。一つは参加したプログラム自体の評価にかかる項目から成るものであり、もう一つは学習者自身がプログラム等を通じて得た成果を確認する項目から成るものである。前者には「このプログラムの内容は魅力的でしたか」「このプログラムの開催時間は適切でしたか」等の項目が列挙されることが多く、後者には「このプログラムによりあなた自身にどのような変化がありましたか」「このプログラムを通して～について考えましたか」等の項目が頻出する。

現状では、両者が混在して、学習活動が一段落した時点で学習者の自己評価のためのふり返りとして提示されていることも多い。しかしながら、両者には評価の目的という点で大きな隔たりがある。前者はあくまでもプログラムのふり返りと改善にかかわるものでありその意味ではプログラム評価あるいは事業評価にかかる自己評価法と言える。

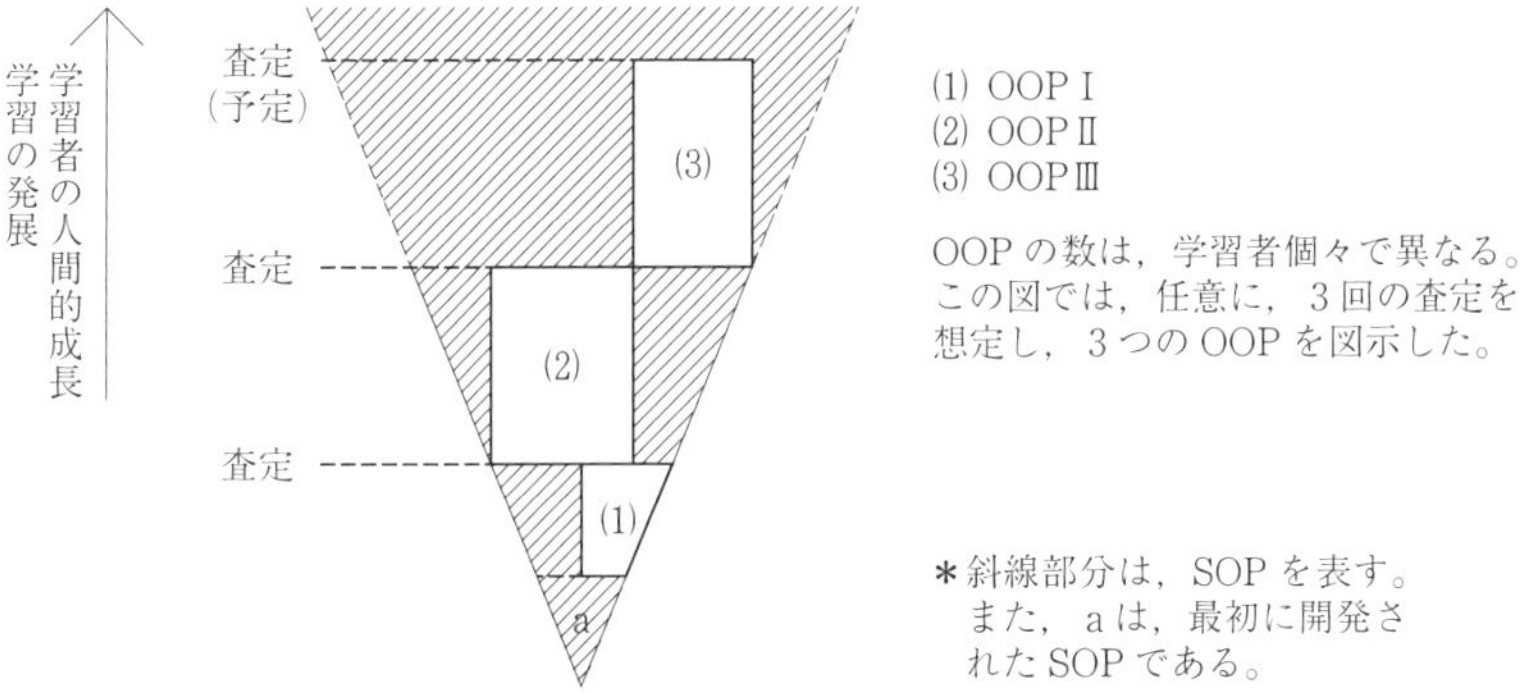

図13－4　生涯学習ポートフォリオ――自己志向のポートフォリオ（SOP）と他者志向のポートフォリオ（OOP）の関係（山川肖美「生涯学習におけるポートフォリオ概念の再検討」『日本生涯教育学会年報』17号）

それに対して後者は、学習過程を通じて学習者が何を得たのか、学習者自身が自分に問いかけ、自分自身で成果を確認していく手掛かりとして評価というものが想定されている。その意味では、項目の良否はあるが、こちらの方が学習者に寄り添うものだといってよい。両者のちがいは意識して用いられるべきであるし、学習者を中心に自己評価法を考えるならば、あくまでも、プログラム評価と区別する形で後者に類する自己評価法が学習者に提案されるべきではなかろうか。

もう一つ、別の視点から、学習者中心の自己評価法のあり方を考えてみたい。先に生涯学習パスポートにふれたが、同パスポートが導入される際に参考とされたものにポートフォリオ（portfolio）がある。日本では、管見する限り、他者評価に資する自己評価法として取りあげられることが多く、政策でもそれが反映される形になっている。しかしながら、自己志向のポートフォリオ（self-oriented portfolio）という言葉に表れているように、ポートフォリオには、元来他者評価を念頭に置かない種類のものも存在する。そこで、生涯学習型ポートフォリオのあり方としては、図13－4に示した通り、自己志向のポートフォリオを基盤とし、当事者の必要性と主体性に応じて、他者志向のポートフォリオ（other-oriented portfolio）が編集されるべき関係性が提案できる。

自己評価と他者評価を結びつけようとする考え方が背景にある点は、

従来の評価システムと同方向にある。しかしながら、システムに組み込む自己評価という観点すなわちシステムありきの自己評価ではなく、学習者の希望次第で自己評価が他者評価のベースにも成りうるという点で一線を画する。ここでは学習者自身が当該学習をふり返るのに加えて次なる学習や活動の原動力として自己評価を活用していくことが第一義的に目されるのであり、他者評価は学習者にとってのオプションにすぎない。必要に応じて他者評価に転じる潜在的可能性を併せもちつつも、自己評価の主体たる学習者が、他者評価を意識しないですむ仕掛けがここにはある。学習者自身が評価の意義を実感できることで、生涯学習の評価は正当な評価を得て社会に広がってくるのではなかろうか。生涯学習成果の評価・活用システムの確立によって達成されると考えられている生涯学習循環社会。同社会の真の成立は、社会における学習循環を創っていくのみならず、学習者における学習循環を創っていくことに鍵があると考える。

参考文献

赤尾勝己「生涯学習の評価・認証システム」鈴木眞理・津田英二編著『生涯学習の支援論』学文社
井内慶次郎監修、山本恒夫・浅井経子・椎廣行編『生涯学習【自己点検・評価ハンドブック】』文賢堂、二〇〇四年
市原光匡「社会教育・生涯学習研究における評価論の展開と課題――学習成果の評価に注目して」『東京大学大学院教育学研究科紀要第四四巻』二〇〇四年、三四九―三五七頁
岡本包治「生涯学習成果の評価――その考え方と展開」『教育と情報』第一法規出版、一九九〇年、二―七頁
岡本包治編著『学習ニーズに応える資格』ぎょうせい、一九九三年
山川肖美「生涯学習におけるポートフォリオ概念の再検討」『日本生涯教育学会年報』(第一七号、一九九六年、七七―八九頁)

山川肖美「生涯学習成果の評価と活用」有吉英樹・小池源吾編著『生涯学習の基礎と展開』コレール社、二〇〇二年（第三版）
山川肖美「生涯学習者にとっての自己評価の意義――自己志向のポートフォリオを手がかりとして」『広島修大論集』（第四三巻第二号人文編）、二〇〇三年、二二三―二四一頁
山本恒夫「生涯学習領域の評価・認証について」『学位研究第一八号』、二〇〇四年、一九五―二〇六頁
Cafferella, R. S., *Planning Programs for Adult Learners : A Practical Guide for Educators,* Trainers and Staff Developers, Jossey-Bass Inc., 2002.

資料

「生涯学習振興法」に関する解説

正式には、「生涯学習の振興のための施策の推進体制等の整備に関する法律」(一九九〇〈平成二〉年法律第七一号)。平成二年一月の中央教育審議会答申「生涯学習の基盤整備について」を法律化したものである。本法は基本法的性格を有するものではないが、生涯学習の基盤整備についての趣旨に則って定められた生涯学習に関する初めての法律であり、その有する意義は大きい。

本法においては、学習に関する国民の自発的意志を尊重することに配慮すること、また、本法にある施策を実施するに当たり、生涯学習に資するための別の施策と相まって総合的に実施すべきであることを留意事項としている。

本法の骨子をなす主要な施策は次の三点である。

第一に、中教審答申に謳われている生涯学習センターに相当する生涯学習の振興に資すべき必要な体制整備に関する都道府県の事業およびその体制整備の基準についての文部科学大臣の制定権を規定していることである。

第二に、都道府県に要請されている生涯学習基本構想の策定である。ただしこの事業は、従来の社会教育、生涯教育の事業と異なり、単に教育事業だけでなく、文化産業の事業をも包含する総合的な性格のものであるところに特徴がある。

第三に、都道府県に生涯学習審議会をおくことができるとしている。

以上の三つの施策を施行するに際しては、同法施行令のほか、中央教育審議会の意見をふまえることが必要とされている。

「博物館法」に関する解説

「社会教育法」の精神に基づき、国民の教育、学術、文化の発展に寄与することを目的として、博物館の設置および運営に関して必要な事項を定めた法律。一九五一（昭和二六）年に制定された。第一章総則、第二章登録、第三章公立博物館、第四章私立博物館、第五章雑則の五章（二九条）から成る。具体の規定内容は、博物館が行うべき事業の準則や学芸員等の資格、博物館の登録、公立博物館の設置運営などであり、これらの規定によって一定水準をもった博物館の整備を促進する役割を果たしている。

本法の意義として次のような点が指摘できる。第一に、博物館の社会教育機関としての目的および機能を法律として明示したことである。第二に、博物館の専門的職員として学芸員および学芸員補を制度化し、その資格や養成に関する基本的な要件を明らかにしたことである。第三に、博物館の登録制度を導入することにより、博物館に関する情報を市民に提供するとともに、一定の水準を保っている博物館に必要な支援が受けられるよう体制を整備したことである。本法には公立博物館の整備に関する国庫補助に関する規定があり、戦後の地方博物館整備を促進したが、この補助金は一九九七（平成九）年度をもって廃止された。第四に、公立博物館の設置および運営に関して地域住民の意見を反映させる機関として博物館協議会を設置できることを定めたことである。

なお、学芸員等の資格取得の具体的要件をはじめ同法の実施手続きは、省令（博物館法施行規則）によって定められている。

「図書館法」に関する解説

「社会教育法」の精神に基づき、国民の教育および文化の発展に寄与することを目的として、図書館の設置および運営に関して必要な事項を定めた法律。一九五〇（昭和二五）年に制定された。第一章総則、第二章公立図書館、第三章私立図書館の三章（二九条）から成る。具体の規定内容は、図書館が行うべき事業の準則や司書等の資格、公立図書館の設置運営などであり、これらの規定によって一定水準の図書館の整備を促進する役割を果たしている。

同法制定の意義としては、第一に、地域の事情や一般市民の要望、学校教育への支援等を考慮して業務運営に当たる図書館奉仕の方針を明確にしたこと、第二に、公立図書館の公開無料原則を確立したこと、第三に、図書館の専門職員としての司書および司書補を制度化し、その資格や養成に関する基本的な要件を明示したことがあげられる。

なお、司書等の資格取得の具体的要件をはじめ、同法の実施手続きは、省令（図書館法施行規則）によって定められている。

生涯学習の振興のための施策の推進体制等の整備に関する法律（抄）

（平成二年六月二十九日法律第七十一号）
＜最終改正　平成一四年三月三一日法律第一五号＞

（目的）
第一条　この法律は、国民が生涯にわたって学習する機会があまねく求められている状況にかんがみ、生涯学習の振興に資するための都道府県の事業に関しその推進体制の整備その他の必要な事項を定め、及び特定の地区において生涯学習に係る機会の総合的な提供を促進するための措置について定めるとともに、都道府県生涯学習審議会の事務について定める等の措置を講ずることにより、生涯学習の振興のための施策の推進体制及び地域における生涯学習に係る機会の整備を図り、もって生涯学習の振興に寄与することを目的とする。

（施策における配慮等）
第二条　国及び地方公共団体は、この法律に規定する生涯学習の振興のための施策を実施するに当たっては、学習に関する国民の自発的意思を尊重するよう配慮するとともに、職業能力の開発及び向上、社会福祉等に関し生涯学習に資するための別に講じられる施策と相まって、効果的にこれを行うよう努めるものとする。

（生涯学習の振興に資するための都道府県の事業）
第三条　都道府県の教育委員会は、生涯学習の振興に資するため、おおむね次の各号に掲げる事業について、これらを相互に連携させつつ推進するために必要な体制の整備を図りつつ、これらを一体的かつ効果的に実施するよう努めるものとする。
一　学校教育及び社会教育に係る学習（体育に係るものを含む。以下この項において「学習」という。）並びに文化活動の機会に関する情報を収集し、整理し、及び提供すること。
二　住民の学習に対する需要及び学習の成果の評価に関し、調査研究を行うこと。
三　地域の実情に即した学習の方法の開発を行うこと。
四　住民の学習に関する指導者及び助言者に対する研修を行うこと。
五　地域における学校教育、社会教育及び文化に関する機関及び団体に対し、これらの機関及び団体相互の連携に関し、照会及び相談に応じ、並びに助言その他の援助を行うこと。
六　前各号に掲げるもののほか、社会教育のための講座の開設その他の住民の学習の機会の提供に関し必要な事業を行うこと。
2　都道府県の教育委員会は、前項に規定する事業を行うに当たっては、社会教育関係団体その他の地域において生涯学習に資する事業を行う機関及び団体との連携に努めるものとする。

（都道府県の事業の推進体制の整備に関する基準）
第四条　文部科学大臣は、生涯学習の振興に資するため、都道府県の教育委員会が行う前条第一項に規定する体制の整備に関し望ましい基準を定めるものとする。
2　文部科学大臣は、前項の基準を定めようとするときは、あらかじめ、審議会等（国家行政組織法（昭和二十三年法律第百二十号）第八条に規定する機関をいう。以下同じ。）で政令で定めるものの意見を聴かなければならない。これを変更しようとするときも、同様とする。
（地域生涯学習振興基本構想）
第五条　都道府県は、当該都道府県内の特定の地区において、当該地区及びその周辺の相当程度広範囲の地域における住民の生涯学習の振興に資するため、社会教育に係る学習（体育に係るものを含む。）及び文化活動その他の生涯学習に資する諸活動の多様な機会の総合的な提供を民間事業者の能力を活用しつつ行うことに関する基本的な構想（以下「基本構想」という。）を作成することができる。
2　基本構想においては、次に掲げる事項について定めるものとする。
一　前項に規定する多様な機会（以下「生涯学習に係る機会」という。）の総合的な提供の方針に関する事項
二　前項に規定する地区の区域に関する事項
三　総合的な提供を行うべき生涯学習に係る機会（民間事業者により提供されるものを含む。）の種類及び内容に関する基本的な事項
四　前号に規定する民間事業者に対する資金の融通の円滑化その他の前項に規定する地区において行われる生涯学習に係る機会の総合的な提供に必要な業務であって政令で定めるものを行う者及び当該業務の運営に関する事項
五　その他生涯学習に係る機会の総合的な提供に関する重要事項
3　都道府県は、基本構想を作成しようとするときは、あらかじめ、関係市町村に協議しなければならない。
4　都道府県は、基本構想を作成しようとするときは、前項の規定による協議を経た後、文部科学大臣及び経済産業大臣に協議することができる。
5　文部科学大臣及び経済産業大臣は、前項の規定による協議を受けたときは、都道府県が作成しようとする基本構想が次の各号に該当するものであるかどうかについて判断するものとする。
一　当該基本構想に係る地区が、生涯学習に係る機会の提供の程度が著しく高い地域であって政令で定めるもの以外の地域のうち、交通条件及び社会的自然的条件からみて生涯学習に係る機会の総合的な提供を行うことが相当と認められる地区であること。
二　当該基本構想に係る生涯学習に係る機会の総合的な提供が当該基本構想に係る地区及びその周辺の相当程度広範囲の地域における住民の生涯学習に係る機会に対する

要請に適切にこたえるものであること。
三　その他文部科学大臣及び経済産業大臣が判断に当たっての基準として次条の規定により定める事項（以下「判断基準」という。）に適合するものであること。
6　文部科学大臣及び経済産業大臣は、基本構想につき前項の判断をするに当たっては、あらかじめ、関係行政機関の長に協議するとともに、文部科学大臣にあっては前条第二項の政令で定める審議会等の意見を、経済産業大臣にあっては産業構造審議会の意見をそれぞれ聴くものとし、前項各号に該当するものであると判断するに至ったときは、速やかにその旨を当該都道府県に通知するものとする。
7　都道府県は、基本構想を作成したときは、遅滞なく、これを公表しなければならない。
8　第三項から前項までの規定は、基本構想の変更（文部科学省令、経済産業省令で定める軽微な変更を除く。）について準用する。
（判断基準）
第六条　判断基準においては、次に掲げる事項を定めるものとする。
一　生涯学習に係る機会の総合的な提供に関する基本的な事項
二　前条第一項に規定する地区の設定に関する基本的な事項
三　総合的な提供を行うべき生涯学習に係る機会（民間事業者により提供されるものを含む。）の種類及び内容に関する基本的な事項
四　生涯学習に係る機会の総合的な提供に必要な事業に関する基本的な事項
五　生涯学習に係る機会の総合的な提供に際し配慮すべき重要事項
2　文部科学大臣及び経済産業大臣は、判断基準を定めるに当たっては、あらかじめ、総務大臣その他関係行政機関の長に協議するとともに、文部科学大臣にあっては第四条第二項の政令で定める審議会等の意見を、経済産業大臣にあっては産業構造審議会の意見をそれぞれ聴かなければならない。
3　文部科学大臣及び経済産業大臣は、判断基準を定めたときは、遅滞なく、これを公表しなければならない。
4　前二項の規定は、判断基準の変更について準用する。
（基本構想の実施等）
第八条　都道府県は、関係民間事業者の能力を活用しつつ、生涯学習に係る機会の総合的な提供を基本構想に基づいて計画的に行うよう努めなければならない。
2　文部科学大臣は、基本構想の円滑な実施の促進のため必要があると認めるときは、社会教育関係団体及び文化に関する団体に対し必要な協力を求めるものとし、かつ、関係地方公共団体及び関係事業者等の要請に応じ、その所管に属する博物館資料の貸出しを行うよう努めるものとする。

3　経済産業大臣は、基本構想の円滑な実施の促進のため必要があると認めるときは、商工会議所及び商工会に対し、これらの団体及びその会員による生涯学習に係る機会の提供その他の必要な協力を求めるものとする。

4　前二項に定めるもののほか、文部科学大臣及び経済産業大臣は、基本構想の作成及び円滑な実施の促進のため、関係地方公共団体に対し必要な助言、指導その他の援助を行うよう努めなければならない。

5　前三項に定めるもののほか、文部科学大臣、経済産業大臣、関係行政機関の長、関係地方公共団体及び関係事業者は、基本構想の円滑な実施が促進されるよう、相互に連携を図りながら協力しなければならない。

（都道府県生涯学習審議会）

第十条　都道府県に、都道府県生涯学習審議会（以下「都道府県審議会」という。）を置くことができる。

2　都道府県審議会は、都道府県の教育委員会又は知事の諮問に応じ、当該都道府県の処理する事務に関し、生涯学習に資するための施策の総合的な推進に関する重要事項を調査審議する。

3　都道府県審議会は、前項に規定する事項に関し必要と認める事項を当該都道府県の教育委員会又は知事に建議することができる。

4　前三項に定めるもののほか、都道府県審議会の組織及び運営に関し必要な事項は、条例で定める。

（市町村の連携協力体制）

第十一条　市町村（特別区を含む。）は、生涯学習の振興に資するため、関係機関及び関係団体等との連携協力体制の整備に努めるものとする。

博物館法（抄）

（昭和二十六年十二月一日法律第二百八十五号）

＜最終改正　平成一九年六月二七日法律第九六号＞

第一章　総則

（この法律の目的）

第一条　この法律は、社会教育法（昭和二十四年法律第二百七号）の精神に基き、博物館の設置及び運営に関して必要な事項を定め、その健全な発達を図り、もつて国民の教育、学術及び文化の発展に寄与することを目的とする。

（定義）

第二条　この法律において「博物館」とは、歴史、芸術、民俗、産業、自然科学等に関する資料を収集し、保管（育成を含む。以下同じ。）し、展示して教育的配慮の下に一般公衆の利用に供し、その教養、調査研究、レクリエーション等に資するために必要な事業を行い、あわせてこれらの資料に関する調査研究をすることを目的とする機関（社会教育法による公民館及び図書館法（昭和二十五年法律第百十八号）による図書館を除く。）のうち、地方公共団体、一般社団法人若しくは一般財団法人、宗教法人又は政令で定めるその他の法人（独立行政法人（独立行政法人通則法（平成十一年法律第百三号）第二条第一項に規定する独立行政法人をいう。第二十九条において同じ。）を除く。）が設置するもので第二章の規定による登録を受けたものをいう。

2　この法律において、「公立博物館」とは、地方公共団体の設置する博物館をいい、「私立博物館」とは、一般社団法人若しくは一般財団法人、宗教法人又は前項の政令で定める法人の設置する博物館をいう。

3　この法律において「博物館資料」とは、博物館が収集し、保管し、又は展示する資料をいう。

（博物館の事業）

第三条　博物館は、前条第一項に規定する目的を達成するため、おおむね左に掲げる事業を行う。

一　実物、標本、模写、模型、文献、図表、写真、フィルム、レコード等の博物館資料を豊富に収集し、保管し、及び展示すること。

二　分館を設置し、又は博物館資料を当該博物館外で展示すること。

三　一般公衆に対して、博物館資料の利用に関し必要な説明、助言、指導等を行い、又は研究室、実験室、工作室、図書室等を設置してこれを利用させること。

四　博物館資料に関する専門的、技術的な調査研究を行うこと。

五　博物館資料の保管及び展示等に関する技術的研究を行うこと。

六　博物館資料に関する案内書、解説書、目録、図録、年報、調査研究の報告書等を作成し、及び頒布すること。

七　博物館資料に関する講演会、講習会、映写会、研究会等を主催し、及びその開催を援助すること。

八　当該博物館の所在地又はその周辺にある文化財保護法（昭和二十五年法律第二百十四号）の適用を受ける文化財について、解説書又は目録を作成する等一般公衆の当該文化財の利用の便を図ること。

九　他の博物館、博物館と同一の目的を有する国の施設等と緊密に連絡し、協力し、刊行物及び情報の交換、博物館資料の相互貸借等を行うこと。

十　学校、図書館、研究所、公民館等の教育、学術又は文化に関する諸施設と協力し、その活動を援助すること。

2　博物館は、その事業を行うに当つては、土地の事情を考慮し、国民の実生活の向上に資し、更に学校教育を援助し得るようにも留意しなければならない。

（館長、学芸員その他の職員）

第四条　博物館に、館長を置く。

2　館長は、館務を掌理し、所属職員を監督して、博物館の任務の達成に努める。

3　博物館に、専門的職員として学芸員を置く。

4　学芸員は、博物館資料の収集、保管、展示及び調査研究その他これと関連する事業についての専門的事項をつかさどる。
5　博物館に、館長及び学芸員のほか、学芸員補その他の職員を置くことができる。
6　学芸員補は、学芸員の職務を助ける。

（学芸員の資格）
第五条　次の各号の一に該当する者は、学芸員となる資格を有する。
一　学士の学位を有する者で、大学において文部科学省令で定める博物館に関する科目の単位を修得したもの
二　大学に二年以上在学し、前号の博物館に関する科目の単位を含めて六十二単位以上を修得した者で、三年以上学芸員補の職にあつたもの
三　文部科学大臣が、文部科学省令で定めるところにより、前各号に掲げる者と同等以上の学力及び経験を有する者と認めた者
2　前項第二号の学芸員補の職には、博物館の事業に類する事業を行う施設における職で、学芸員補の職に相当する職又はこれと同等以上の職として文部科学大臣が指定するものを含むものとする。

（学芸員補の資格）
第六条　学校教育法（昭和二十二年法律第二十六号）第九十条第一項の規定により大学に入学することのできる者は、学芸員補となる資格を有する。

（設置及び運営上望ましい基準）
第八条　文部科学大臣は、博物館の健全な発達を図るために、博物館の設置及び運営上望ましい基準を定め、これを教育委員会に提示するとともに一般公衆に対して示すものとする。

第二章　登録

（登録）
第十条　博物館を設置しようとする者は、当該博物館について、当該博物館の所在する都道府県の教育委員会に備える博物館登録原簿に登録を受けるものとする。

（登録の申請）
第十一条　前条の規定による登録を受けようとする者は、設置しようとする博物館について、左に掲げる事項を記載した登録申請書を都道府県の教育委員会に提出しなければならない。
一　設置者の名称及び私立博物館にあつては設置者の住所
二　名称
三　所在地
2　前項の登録申請書には、次に掲げる書類を添付しなければならない。
一　公立博物館にあつては、設置条例の写し、館則の写し、直接博物館の用に供する建物及び土地の面積を記載した

書面及びその図面、当該年度における事業計画書及び予算の歳出の見積りに関する書類、博物館資料の目録並びに館長及び学芸員の氏名を記載した書面

二　私立博物館にあつては、当該法人の定款の写し又は当該宗教法人の規則の写し、館則の写し、直接博物館の用に供する建物及び土地の面積を記載した書面及びその図面、当該年度における事業計画書及び収支の見積りに関する書類、博物館資料の目録並びに館長及び学芸員の氏名を記載した書面

（登録要件の審査）

第十二条　都道府県の教育委員会は、前条の規定による登録の申請があつた場合においては、当該申請に係る博物館が左に掲げる要件を備えているかどうかを審査し、備えていると認めたときは、同条第一項各号に掲げる事項及び登録の年月日を博物館登録原簿に登録するとともに登録した旨を当該登録申請者に通知し、備えていないと認めたときは、登録しない旨をその理由を附記した書面で当該登録申請者に通知しなければならない。

一　第二条第一項に規定する目的を達成するために必要な博物館資料があること。

二　第二条第一項に規定する目的を達成するために必要な学芸員その他の職員を有すること。

三　第二条第一項に規定する目的を達成するために必要な建物及び土地があること。

四　一年を通じて百五十日以上開館すること。

（登録事項等の変更）

第十三条　博物館の設置者は、第十一条第一項各号に掲げる事項について変更があつたとき、又は同条第二項に規定する添付書類の記載事項について重要な変更があつたときは、その旨を都道府県の教育委員会に届け出なければならない。

2　都道府県の教育委員会は、第十一条第一項各号に掲げる事項に変更があつたことを知つたときは、当該博物館に係る登録事項の変更登録をしなければならない。

（登録の取消）

第十四条　都道府県の教育委員会は、博物館が第十二条各号に掲げる要件を欠くに至つたものと認めたとき、又は虚偽の申請に基いて登録した事実を発見したときは、当該博物館に係る登録を取り消さなければならない。但し、博物館が天災その他やむを得ない事由により要件を欠くに至つた場合においては、その要件を欠くに至つた日から二年間はこの限りでない。

2　都道府県の教育委員会は、前項の規定により登録の取消しをしたときは、当該博物館の設置者に対し、速やかにその旨を通知しなければならない。

（博物館の廃止）

第十五条　博物館の設置者は、博物館を廃止したときは、すみやかにその旨を都道府県の教育委員会に届け出なければならない。

2　都道府県の教育委員会は、博物館の設置者が当該博物館を廃止したときは、当該博物館に係る登録をまつ消しなければならない。

（規則への委任）

第十六条　この章に定めるものを除くほか、博物館の登録に関し必要な事項は、都道府県の教育委員会の規則で定める。

第三章　公立博物館

（設置）

第十八条　公立博物館の設置に関する事項は、当該博物館を設置する地方公共団体の条例で定めなければならない。

（所管）

第十九条　公立博物館は、当該博物館を設置する地方公共団体の教育委員会の所管に属する。

（博物館協議会）

第二十条　公立博物館に、博物館協議会を置くことができる。

2　博物館協議会は、博物館の運営に関し館長の諮問に応ずるとともに、館長に対して意見を述べる機関とする。

第二十一条　博物館協議会の委員は、学校教育及び社会教育の関係者並びに学識経験のある者の中から、当該博物館を設置する地方公共団体の教育委員会が任命する。

第二十二条　博物館協議会の設置、その委員の定数及び任期その他博物館協議会に関し必要な事項は、当該博物館を設置する地方公共団体の条例で定めなければならない。

（入館料等）

第二十三条　公立博物館は、入館料その他博物館資料の利用に対する対価を徴収してはならない。但し、博物館の維持運営のためにやむを得ない事情のある場合は、必要な対価を徴収することができる。

（博物館の補助）

第二十四条　国は、博物館を設置する地方公共団体に対し、予算の範囲内において、博物館の施設、設備に要する経費その他必要な経費の一部を補助することができる。

2　前項の補助金の交付に関し必要な事項は、政令で定める。

（補助金の交付中止及び補助金の返還）

第二十六条　国は、博物館を設置する地方公共団体に対し第二十四条の規定による補助金の交付をした場合において、左の各号の一に該当するときは、当該年度におけるその後の補助金の交付をやめるとともに、第一号の場合の取消が虚偽の申請に基いて登録した事実の発見に因るものである場合には、既に交付した補助金を、第三号及び第四号に該当する場合には、既に交付した当該年度の補助金を返還させなければならない。

一　当該博物館について、第十四条の規定による登録の取消があつたとき。

二　地方公共団体が当該博物館を廃止したとき。

三　地方公共団体が補助金の交付の条件に違反したとき。

四　地方公共団体が虚偽の方法で補助金の交付を受けたと

き。

第四章　私立博物館

（都道府県の教育委員会との関係）

第二十七条　都道府県の教育委員会は、博物館に関する指導資料の作成及び調査研究のために、私立博物館に対し必要な報告を求めることができる。

2　都道府県の教育委員会は、私立博物館に対し、その求めに応じて、私立博物館の設置及び運営に関して、専門的、技術的の指導又は助言を与えることができる。

（国及び地方公共団体との関係）

第二十八条　国及び地方公共団体は、私立博物館に対し、その求めに応じて、必要な物資の確保につき援助を与えることができる。

第五章　雑則

（博物館に相当する施設）

第二十九条　博物館の事業に類する事業を行う施設で、国又は独立行政法人が設置する施設にあつては文部科学大臣が、その他の施設にあつては当該施設の所在する都道府県の教育委員会が、文部科学省令で定めるところにより、博物館に相当する施設として指定したものについては、第二十七条第二項の規定を準用する。

図書館法（抄）（昭和二十五年四月三十日法律第百十八号）

＜最終改正　平成一九年六月二七日法律第九六号＞

第一章　総則

（この法律の目的）

第一条　この法律は、社会教育法（昭和二十四年法律第二百七号）の精神に基き、図書館の設置及び運営に関して必要な事項を定め、その健全な発達を図り、もつて国民の教育と文化の発展に寄与することを目的とする。

（定義）

第二条　この法律において「図書館」とは、図書、記録その他必要な資料を収集し、整理し、保存して、一般公衆の利用に供し、その教養、調査研究、レクリエーション等に資することを目的とする施設で、地方公共団体、日本赤十字社又は一般社団法人若しくは一般財団法人が設置するもの（学校に附属する図書館又は図書室を除く。）をいう。

2　前項の図書館のうち、地方公共団体の設置する図書館を公立図書館といい、日本赤十字社又は一般社団法人若しくは一般財団法人の設置する図書館を私立図書館という。

（図書館奉仕）

第三条　図書館は、図書館奉仕のため、土地の事情及び一般公衆の希望にそい、更に学校教育を援助し得るように留意し、おおむね左の各号に掲げる事項の実施に努めなければならない。

一　郷土資料、地方行政資料、美術品、レコード、フィルムの収集にも十分留意して、図書、記録、視覚聴覚教育の資料その他必要な資料（以下「図書館資料」という。）を収集し、一般公衆の利用に供すること。
二　図書館資料の分類排列を適切にし、及びその目録を整備すること。
三　図書館の職員が図書館資料について十分な知識を持ち、その利用のための相談に応ずるようにすること。
四　他の図書館、国立国会図書館、地方公共団体の議会に附置する図書室及び学校に附属する図書館又は図書室と緊密に連絡し、協力し、図書館資料の相互貸借を行うこと。
五　分館、閲覧所、配本所等を設置し、及び自動車文庫、貸出文庫の巡回を行うこと。
六　読書会、研究会、鑑賞会、映写会、資料展示会等を主催し、及びその奨励を行うこと。
七　時事に関する情報及び参考資料を紹介し、及び提供すること。
八　学校、博物館、公民館、研究所等と緊密に連絡し、協力すること。
（司書及び司書補）
第四条　図書館に置かれる専門的職員を司書及び司書補と称する。
2　司書は、図書館の専門的事務に従事する。
3　司書補は、司書の職務を助ける。
（司書及び司書補の資格）
第五条　左の各号の一に該当する者は、司書となる資格を有する。
一　大学又は高等専門学校を卒業した者で第六条の規定による司書の講習を修了したもの
二　大学を卒業した者で大学において図書館に関する科目を履修したもの
三　三年以上司書補（国立国会図書館又は大学若しくは高等専門学校の附属図書館の職員で司書補に相当するものを含む。）として勤務した経験を有する者で第六条の規定による司書の講習を修了したもの
2　次の各号のいずれかに該当する者は、司書補となる資格を有する。
一　司書の資格を有する者
二　高等学校若しくは中等教育学校を卒業した者又は高等専門学校第三学年を修了した者で第六条の規定による司書補の講習を修了したもの
（司書及び司書補の講習）
第六条　司書及び司書補の講習は、大学が、文部科学大臣の委嘱を受けて行う。
2　司書及び司書補の講習に関し、履修すべき科目、単位その他必要な事項は、文部科学省令で定める。ただし、その履修すべき単位数は、十五単位を下ることができない。

第二章　公立図書館

（設置）
第十条　公立図書館の設置に関する事項は、当該図書館を設置する地方公共団体の条例で定めなければならない。

（職員）
第十三条　公立図書館に館長並びに当該図書館を設置する地方公共団体の教育委員会が必要と認める専門的職員、事務職員及び技術職員を置く。
2　館長は、館務を掌理し、所属職員を監督して、図書館奉仕の機能の達成に努めなければならない。

第三章　私立図書館

（都道府県の教育委員会との関係）
第二十五条　都道府県の教育委員会は、私立図書館に対し、指導資料の作製及び調査研究のために必要な報告を求めることができる。
2　都道府県の教育委員会は、私立図書館に対し、その求めに応じて、私立図書館の設置及び運営に関して、専門的、技術的の指導又は助言を与えることができる。

（国及び地方公共団体との関係）
第二十六条　国及び地方公共団体は、私立図書館の事業に干渉を加え、又は図書館を設置する法人に対し、補助金を交付してはならない。
第二十七条　国及び地方公共団体は、私立図書館に対し、その求めに応じて、必要な物資の確保につき、援助を与えることができる。

（入館料等）
第二十八条　私立図書館は、入館料その他図書館資料の利用に対する対価を徴収することができる。

（図書館同種施設）
第二十九条　図書館と同種の施設は、何人もこれを設置することができる。
2　第二十五条第二項の規定は、前項の施設について準用する。

ラ　行

ワ　行

ナ　行

ハ　行

マ　行

ヤ　行

タ　行

サ　行

索　　引

ア　行

カ　行

編　者

佐々木《ささき》　正治《まさはる》　環太平洋大学

執筆者＜執筆順，（　）は執筆担当箇所＞

佐々木《ささき》　正治《まさはる》　（１章）　編　者
安《やす》 原《はら》　一《かず》 樹《き》　（２章）　兵庫教育大学
皿《さら》 田《だ》　琢《たく》 司《じ》　（３章）　岡山理科大学
神《かん》 部《べ》　純《じゅん》 一《いち》　（４章）　滋賀大学
清《きよ》 國《くに》　祐《ゆう》 二《じ》　（５章）　香川大学
熊谷《くまがい》　愼《しん》之《の》輔《すけ》　（６章）　岡山大学
岡《おか》 田《だ》　正《まさ》 彦《ひこ》　（７章）　大分大学
井《いの》 上《うえ》　豊《とよ》 久《ひさ》　（８章）　福岡教育大学
山《やま》 田《だ》　誠《まこと》　（９章）　愛媛大学
岡《おか》 田《だ》　龍《たつ》 樹《き》　（10章）　天理大学
赤《あか》 木《ぎ》　恒《つね》 雄《お》　（11章）　倉敷芸術科学大学
白《しら》 石《いし》　義《よし》 孝《たか》　（12章）　宇部フロンティア大学
山《やま》 川《かわ》　肖《あゆ》 美《み》　（13章）　広島修道大学
岸《きし》 本《もと》　睦《むつ》 久《ひさ》　（資料）　文部科学省

2007年4月10日　初版発行
2016年2月25日　第5刷発行

生涯学習社会の構築

編著者　佐々木正治
発行者　石井昭男
発行所　福村出版株式会社
東京都文京区湯島二丁目一四番一一号
郵便番号一一三-〇〇三四
電話〇三(五八一二)九七〇二
印刷・スキルプリネット　製本・協栄製本

ISBN978-4-571-10138-0 C3037